히브리서 산책

성취와 기다림

히브리서 산책: 성취와 기다림
최승락 지음

초판 1쇄 발행 2018년 5월 2일
초판 2쇄 발행 2018년 11월 23일

발행처 도서출판 이레서원
발행인 문영이
출판신고 2005년 9월 13일 제2015-000099호

편집장 이혜성
편집 송혜숙, 오수현
영업 김정태
총무 곽현자

경기도 고양시 일산동구 중앙로 1160 오원플라자 801호
Tel. 02)402-3238, 406-3273 / Fax. 02)401-3387
E-mail: jireh@changjisa.com
Website: jireh.kr / Facebook: facebook.com/jirehpub

책값은 표지에 있습니다.

ISBN 978-89-7435-503-6 03230

이 도서의 국립중앙도서관 출판예정도서목록(CIP)은 서지정보유통지원시스템 홈페이지(http://seoji.nl.go.kr)와 국가자료공동목록시스템(http://www.nl.go.kr/kolisnet)에서 이용하실 수 있습니다. (CIP 제어번호: 2018011373)

HEBREWS

최승락 지음

히브리서 산책

성취와 기다림

이레서원

차례

한때 협동목사로 섬겼던 서울 내곡동의 다니엘교회(현 다니엘새시대교회)에서 히브리서를 본문으로 설교를 한 적이 있었습니다. 설교 후에 최은희 권사님께서 "최소한의 설명만 곁들여서 히브리서를 처음부터 끝까지 훑어 주면 좋겠다"라고 제안하셨습니다. "저도 그럴 기회가 있으면 좋겠습니다"라고 말씀드렸는데, 그런 기회를 결국 잡지는 못하였고, 그 사이 최 권사님도 작고하시고 말았습니다. 그러나 그때의 그 제안이 지금의 이 책이 나오게 된 먼 계기가 되었습니다.

이 책은 히브리서에 대한 체계적이고 전문적인 해설서는 아닙니다. 좀 더 전문적인 주석은 따로 집필 중입니다. 더 세세한 설명은 그런 주석을 통해 도움을 받을 수 있을 것입니다. 이 책에서 시도하고 있는 것은 히브리서의 전체적 윤곽을 그리는 작업입니다. 그것도 히브리서가 구약을 어떻게 성취의 관점에서 해석하고 있는지를 중점적으로 살피고자 합니다. 히브리서는 예수 그리스도를 구약의 성취로 이해합니다. 그러나 성취되었다고 해서 모든 것이 종결된 것은 아닙니다. 신약 성도들은 성취를 누리면서 동시에 그 최종 목적지에 도달하기까지 기다리며 인내하며 또한 투쟁합니다.

그래서 '성취와 기다림'이라는 이 큰 하나의 안목으로 히브리서 전체를 한 번 훑어보는 것이 나름대로 가치가 있겠다고 생각했습니다. 이렇게 큰 그림을 구상하면 세세한 것들이 잘 연결되는 공간이 만들어집니다. 반면에 너무 세세한 것들에만 집중하다 보면 히브리서 전체가 도대체 무엇을 말하고자 하는지 감을 못 잡게 될 공산이 큽니다. 작은 책 한 권에서 이 두 가지를 다 담아 내는 것은 무리입니다. 일단 이 책에서는 하나의 통일된 관점에서 히브리서 전체를 살피는 작업에 집중하고자 합니다.

히브리서가 가르치는 그리스도인의 삶의 방식(mode of life)은 기다림입니다. 일반적으로 '기다림'이라고 하면 너무 정적인 개념이라고 생각하기 쉽습니다. 그러나 히브리서가 말하는 기다림은 결코 정적이지 않습니다. 히브리서에서 기다림은 여러 가지 다른 방식으로 표현됩니다. 때로 그것은 오래 참음이며 인내입니다. 예수님께서도 자기 앞에 있는 즐거움을 위하여 인내로 십자가를 감당하셨습니다. 아브라함은 오래 참음을 통해 하나님의 상을 받는 자의 모델로 제시됩니다. 기다림은 신앙 고백("믿는 도리")을 굳게 붙잡고 그것을 살아 내는 것을 말하기도 합니다. 또한 기다림은 섬김과 예배의 삶이기도 하고 선행의 실천이기도 합니다. 기다림은 행위를 수반합니다(waiting in action). 기다림은 하나님의 일하심을 위하여 그 길을 여는 우리의 순종의 삶을 말합니다. 얕은 여울이 아니라 깊은 강 속에서 보이지 않게 휘감아 도는 그 큰 물줄기, 이것이 그리스도인의 기다림의 힘입니다. 가벼운 잔재미만 차고 넘치는 이 시대에 우리는 이런 깊은 기다림의 능력을 다시 배우고 회복해야 할 필요가 있습니다.

히브리서는 공부하면 할수록 참 귀한 책이라는 생각이 듭니다. 이

휘나 어법 등이 어렵고, 전체의 논리적 흐름을 따라가는 것 또한 쉽지가 않습니다. 하지만 히브리서만큼 설교의 힘을 강하게 느끼도록 해 주는 책도 없습니다. 오늘날 그 어떤 설교에서도 찾아볼 수 없는 설교의 진수가 녹아 있습니다. 그 설교의 메시지가 얼마나 장엄하고 풍부한지 모릅니다. 그뿐만 아니라 그것을 전달하는 글의 힘이 탁월하고 매혹적입니다. 히브리서는 그 자체가 설교입니다. 그래서 본서에서는 히브리서 저자를 히브리서 설교자라고 지칭하려고 합니다. 오늘날 많은 설교자가 이 설교를 우리 시대의 설교로 제대로 옮겨 내기를 원합니다.

저는 이 작은 책이 히브리서 설교의 힘을 살려 내는 데 조금이라도 기여했으면 좋겠습니다. 그 힘은 다른 것이 아니라 기다림이 가진 현실 변혁의 힘입니다. 우리가 예수 그리스도 안에서 이루어진 약속 성취의 현실을 품고 다시 한 번 그 온전한 완성을 바르게 기다릴 줄 알면 우리는 세상을 하나님께서 기뻐하시는 방향으로 바꾸어 나갈 수 있습니다. 히브리서의 종말론적 가르침은 세상 변혁의 강력한 기폭제입니다.

약속의 언어, 소망의 언어, 기다림의 언어는 변혁의 언어입니다. 세상에 말씀을 맞추는 것이 아니라 약속의 말씀에 세상을 맞추어 갑니다. 나의 삶도 이 약속의 말씀에 따라 전면적으로 재설정됩니다. 이것이 약속의 언어가 가진 힘이며 기다림이 의미하는 내용입니다.

하나님께서 이루신, 그리고 또한 이루어 가시는 거대한 역사 운행의 마스터플랜을 깊이 마음에 품고, 거기에 내 모든 삶을 걸고 담아 낼 줄 아는 이 속 깊은 기다림의 능력을 함께 경험해 볼 수 있기를 바랍니다.

이 책이 나오기까지 그라티아 출판사의 이운연 목사님의 격려가 큰 힘이 되었습니다. 언젠가 목회자들을 위한 "프로 에클레시아" 성경 포럼에서 히브리서 3장에 대한 주제 발표를 했는데, 그때의 통찰을 더 발전해 보도록 격려해 주었고, 자신이 매달 발행하는 「Re」의 지면을 1년 넘게 제공해 주었습니다. 그 잡지에 연재되었던 글이 필요한 손질을 거쳐 지금 하나의 책 형태로 나오게 된 것입니다. 좋은 계기를 마련해 준 이운연 목사님께 감사를 드립니다. 아울러 이 책을 새롭게 단장하여 다시 한 번 독자들 앞에 다가갈 수 있도록 출판의 기회를 준 이레서원 이혜성 편집장님과 송혜숙 과장님께 감사를 드립니다. 독자의 입장에 서서 원고를 읽고 토의 문제와 용어 해설을 정리해 준 윤웅열 강도사님께도 감사를 드립니다.

2018년 신춘

저자 최승락

히브리서는 참 수수께끼 같은 책입니다. 그 고매한 내용이나 정교하고 아름다운 문체에도 불구하고 이 글을 누가 누구에게 전달하려는 것인지 전혀 밝히지 않습니다. 마치 누가 이 글을 썼는지 알아맞혀 보라고 하는 것 같기도 합니다. 13장의 종결부를 보면 친밀한 문안을 보내기도 하고(13:24), 개인적인 부탁(저자가 수신자들에게 더 속히 돌아갈 수 있도록 기도해 달라는 부탁, 13:19)을 하기도 하는데, 이는 편지의 전형적인 특징입니다. 하지만 1장의 시작 부분을 보면 전혀 편지 같지가 않습니다. 발신자와 수신자의 이름도 없고 심지어 인사조차도 없습니다. 그렇다면 이 글은 과연 편지일까요? 아니면 글로 된 설교이거나 논문일까요? 큰 틀에서 보면 편지임이 분명합니다. 그러나 발신자나 수신자의 정황을 아는 것이 이 글을 이해하는 데 결정적으로 중요한 요소는 아니라는 점 때문인지 그 정보들이 다 생략되어 있습니다.

저자

히브리서의 표제 "히브리인들에게"가 원래부터 붙어 있던 것은 아닙니다. 약 200년경의 파피루스 사본인 P^{46}에 이 표제가 처음 나타납니다. 비슷한 시기에 알렉산드리아의 클레멘트(Clement of Alexandria, 약 A.D. 150-215년)는 히브리서를 바울이 쓴 글이라고 주장합니다. 이 내용이 유세비우스(Eusebius)의 책에 언급되는데, 조금 인용해 보겠습니다. "히브리서를 그[클레멘트]는 바울에게 돌린다. 이 글을 바울이 히브리인들에게 그들의 언어로 기록하였는데, 누가가 이를 헬라 독자들을 위해 정확히 번역하여 공개하였고, 따라서 우리는 이 서신의 헬라어본에서 사도행전의 문체를 발견할 수 있다는 것이다."[1] 이 주장에 따르면 히브리서는 원래 히브리어로 기록되었고, 지금 우리가 보는 헬라어본은 누가의 번역본이라고 합니다. 하지만 이 주장은 받아들이기가 어렵습니다. 왜냐하면 히브리서는 구약 성경의 헬라어 번역본(칠십인역)을 바탕으로 처음부터 헬라어로 작성된 것이 분명하기 때문입니다. 뒤에서 좀 더 자세히 살펴보겠지만, 히브리서 10:5-10의 경우 칠십인역을 근거로 하지 않고는 설명될 수 없는 본문인데, 히브리서에는 이런 본문들이 적지 않게 나타납니다.[2]

히브리서를 바울이 기록하였다고 보는 견해는 시간이 지날수록 점차 확대되어 갔습니다. 4세기 후반에는 동·서방 교회가 이 서신을 공히 바울의 편지로 보기 시작했고,[3] 제6차 카르타고 회의(A.D. 419년)에서 히브리서를 바울 서신에 포함시켜 "14개의 바울 서신"으로 못을 박은 이래로 종교 개혁 때까지 이 견해가 하나의 전통이 되어 버

1 Eusebius, *The History of the Church from Christ to Constantine*(Minneapolis: Augsburg, 1965), 254(6.14).

2 참조. Barnabas Lindars, *The Theology of the Letter to the Hebrews*, 장동수 역, 『히브리서 신학』(서울: 한들, 2002), 37.

3 참조. E. M. Heen and P. D. W. Krey, *Ancient Christian Commentary on Scripture: Hebrews*, 배성옥 역, 『교부들의 성경 주해 신약성경. XII: 히브리서』(왜관: 분도출판사, 2015), 39.

렸습니다.[4]

하지만 이런 견해에 대한 의문이 아주 일찍부터 일어났었습니다. 3세기의 대학자인 오리게네스(Origenes, 약 A.D. 185-253년)가 대표적인 인물입니다. 그는 히브리서의 문체가 바울의 서신들과 많은 차이가 난다고 지적하였고, 그 저자가 누구인지 모른다고 솔직하게 인정하는 것이 더 나은 자세라고 말합니다. 그가 쓴 『히브리서 강해』는 지금은 소실되고 없지만, 그 일부가 유세비우스의 책에 인용됩니다. 오리게네스의 말을 직접 들어 봅시다. "히브리서라고 이름이 붙여진 서신은 그 어투가 사도[바울] 자신이 인정한 바 있는 말과 문체의 거침의 특성을 보이지 않는다. 문장의 구성이 헬라식 용법에 더 가까우며, 이는 문체의 차이를 볼 줄 아는 사람이라면 누구나 동의할 것이다. 하지만 그 편지의 내용은 놀라우며, 사도의 인정된 서신들과 거의 동일하다. … 나 개인의 의견을 묻는다면, 나는 이 서신의 내용은 사도의 것이지만, 그 문체나 구성은 사도의 가르침을 기억하는 누군가의 것이며, 사도가 말한 것에 대한 자신의 해석을 기록한 것이 아닌가 하고 답하고 싶다. … 이 서신을 누가 썼는지는 오직 하나님만 아신다."[5]

안타깝게도, 오리게네스의 이와 같은 조심스러운 입장은 이후 교회사 속에서 내내 무시되고 말았습니다. 종교 개혁 시대에 와서야 이 서신이 다시 한 번 그 자체의 독자적인 성격에 따라 평가되기 시작했습니다. 바울의 편지들과는 그 주제나 문체가 다르다는 점이 인정

---

4 참조. F. F. Bruce, *The Epistle to the Hebrews*(Grand Rapids: Eerdmans, 1990), 17. 히브리서의 해석 역사에 관한 상세한 설명은 Craig R. Koester, *Hebrews*(Anchor Bible; New York: Doubleday, 2001), 19-40 참조.

5 Eusebius, *The History of the Church*, 6.25.

되었고, 바울 대신 다른 저자의 이름이 조심스럽게 제시되기 시작했습니다. 루터와 또 그 후에 벵겔은 이 서신을 아볼로의 것으로 추정하였습니다.[6] 칼뱅 또한 2:3("들은 자들이 우리에게 확증한 바니")과 같은 본문에 의거하여 바울 저작성을 부인합니다. 히브리서 저자가 복음의 1세대("들은 자들")가 아닌 2세대에 속하는 사람이라는 것입니다. 칼뱅은 바울 대신 누가를 유력한 후보로 제시하였습니다.[7]

오늘날에 와서는 히브리서가 바울 서신 14권에서 분리되어 독자적인 서신으로 취급을 받고 있습니다. 하지만 이 서신을 누가 썼는지에 대해서는 여전히 합의된 견해가 없습니다. 위에 제시된 아볼로와 누가 외에도 바나바나 실라, 브리스길라와 아굴라 등이 후보로 거론되고 있습니다. 이 문제는 영영 답을 찾기 어려운 문제로 남을 것 같습니다.

수신자와 수신지

저자를 밝히기 어려운 만큼 수신자를 밝히는 것 역시 쉽지 않습니다. 앞에서도 이야기했던 것처럼 이 서신의 초기 사본들에 붙어 있던 "히브리인들에게"라는 표제는 본래적인 것이라고 보기 어렵습니다.[8] 그러나 여기에 무게를 두고 이 서신의 수신자를 팔레스타인 땅의 유

---

6 참조. J. A. Bengel, *New Testament Commentary*, 서문상 역, 『신약주석: 히브리서 야고보서』(서울: 도서출판 로고스, 1991), 53.

7 John Calvin, *The Epistle of Paul the Apostle to the Hebrews and the First and Second Epistles of St. Peter*(Grand Rapids: Eerdmans, 1974), 20, 216.

8 Koester, *Hebrews*, 46, 171-73.

대인들로 보는 관점이 전혀 없는 것은 아닙니다. 예를 들어, 웨스트코트(B. F. Westcott)는 테르툴리아누스(Tertullianus, 약 A.D. 155-220년)와 같은 교부들이 인정하는 이 표제에 무게를 두어야 한다는 입장을 취합니다. 게다가 히브리서 본문 속에 이방인 개종자들에 대한 직접적인 언급이 전혀 없는 점이나, 레위 제사장들의 섬김이 현재 진행 상태로 언급되는 점(8:4 등), 성전 예식이 여전히 진행 중인 것처럼 보이는 정황 등을 들어서 이 서신이 예루살렘의 유대인들을 대상으로 쓰였다고 주장합니다.[9]

히브리서 속에는 수신자의 정황을 알 수 있는 단편적인 언급들이 간간이 나타납니다. 예를 들어, 12:4은 "너희가 죄와 싸우되 아직 피 흘리기까지는" 아니하였다고 말하는데, 이는 이 수신자 공동체 가운데서 아직 순교자가 나오지 않았음을 보여 줍니다. 이 상황은 스데반이나 사도 야고보 같은 순교자들이 이미 나온 예루살렘 교회와는 어울리지 않습니다. 또 하나 고려할 본문은 13:24의 "이달리야에서 온 자들도 너희에게 문안하느니라"입니다. "이달리야에서 온 자들"이라는 표현은 사도행전 18:2에도 나옵니다. 클라우디우스 황제의 칙령으로 로마에서 쫓겨난 브리스길라와 아굴라 부부를 가리킬 때 쓰는 표현입니다. "이달리야에서 온 자들" 곧 로마 출신의 사람들이 히브리서 저자와 함께 문안 인사를 보낸다는 것은 이들이 수신자들과 친밀한 관계임을 나타내 줍니다. 따라서 이 서신이 로마를 향하고 있다는 것을 추정할 수 있습니다. 로마의 교회는 지금 12:4이 암시하는

---

9 B. F. Westcott, *The Epistle to the Hebrews*(Grand Rapids: Eerdmans, 1980), xxxv-xlii. 유사하게 이 서신의 수신자를 "종교적 형식주의"에 빠져 있는 유대인들로 보는 관점으로는 박형용, 『히브리서』(서울: 횃불, 2003), 47 참조.

새로운 박해의 상황을 앞에 두고 있습니다. 아직까지 이들 속에서 순교자가 나오지는 않았습니다. 하지만 10:32이 말하는 것처럼, 이들은 "전날에 … 고난의 큰 싸움을 견디어 낸" 경험이 있습니다. 이 일을 클라우디우스 황제 때에 일어났던 유대인 축출 사건과 연결하면 우리는 가장 자연스럽게 로마 교회의 정황과 이 서신의 정보들이(비록 단편적이긴 하지만) 일치한다고 볼 수 있습니다.

이 밖에도 히브리서가 히브리어 구약 성경보다는 헬라어 번역인 칠십인역을 일관되게 사용하는 점도 예루살렘보다는 로마를(아니면 최소한 디아스포라 유대인들을) 히브리서의 수신지로 더 선호하게 합니다. 또 하나 고려할 점은 히브리서가 매우 이른 시기부터 로마에 알려져 있었다는 점입니다. 로마의 클레멘트(Clement of Rome)가 A.D. 95년에 쓴 "고린도 교회에 보내는 첫 번째 편지"를 보면 히브리서 1장의 내용을 압축한 형태의 글이 실려 있습니다. 그것을 잠시 인용해 보겠습니다. "그[예수]는 하나님의 지존의 광채시며, 천사들보다 뛰어나신 만큼 그렇게 그는 더욱 아름다운 이름을 기업으로 얻으셨다. 이는 기록된 것과 같이 '그는 그의 천사들을 바람으로, 그의 사역자들을 불꽃으로 삼으시느니라' 함과 같다. 주재께서는 그의 아들에 대해서 이와 같이 말씀하셨다. '너는 내 아들이라 오늘 내가 너를 낳았다.' … 그리고 다시 그에게 말씀하시기를 '내가 네 원수로 네 발등상이 되게 하기까지 너는 내 우편에 앉아 있으라' 하신다."[10] 이 글은 명

10 Clement of Rome, "First Letter of Clement to the Corinthians," *Loeb: The Apostolic Fathers I*(Cambridge: Harvard University Press, 2003), I.36. 이에 대한 논의는 Harold W. Attridge, *Hebrews: A Commentary on the Epistle to the Hebrews*(Hermeneia; Philadelphia: Fortress, 1989), 6-7; Donald Guthrie, *Hebrews*, 김병모 역, 『히브리서』(서울: CLC, 2015), 25 참조.

백하게 히브리서 1장과 닮아 있습니다. 로마의 클레멘트가 히브리서를 알고 있었고 그것을 축약된 방식으로 사용했다고 결론 내릴 수밖에 없습니다. 이는 히브리서가 로마 교회와 밀접한 관계가 있다는 사실을 뒷받침해 주는 또 하나의 증거입니다.

비록 확답을 내리기는 어렵지만, 이런 여러 정황을 고려하여 오늘날 많은 주석가가 로마를 히브리서의 수신지로 봅니다.[11] 본서에서도 이 견해를 따릅니다.

저작 연대

그렇다면 이 편지의 기록 시기도 이렇게 추정해 볼 수 있습니다. 일단 A.D. 95년(로마의 클레멘트의 서신 기록 연대)은 그 이후로 넘어갈 수 없는 상한선 역할을 합니다. 또한 제사 제도의 폐지라는 핵심 주제를 다루면서도 성전의 파괴를 전혀 언급하지 않는 것은 아직 성전 파괴 사건(A.D. 70년)이 일어나지 않았음을 암시합니다. 10:32의 "전날"의 박해의 경험을 A.D. 49년의 클라우디우스 황제 때의 유대인 축출 사건으로 본다면, 지금 일어나고 있는 새로운 박해의 조짐은 네로 황제

11 William L. Lane, *Hebrews 1-8*(WBC; Dallas: Word Books, 1991), lviii; Attridge, *Hebrews*, 8-10; Koester, *Hebrews*, 48-50; Bruce, *The Epistle to the Hebrews*, 21; Paul Ellingworth, *The Epistle to the Hebrews*(NIGTC; Grand Rapids: Eerdmans, 1993), 29; Donald A. Hagner, *Hebrews*(NIBC; Peabody: Hendrikson, 1983, 1990), 5-7; George H. Guthrie, *The NIV Application Commentary: Hebrews*(Grand Rapids: Zondervan, 1998), 20; Thomas R. Schreiner, *Commentary on Hebrews*, 장호준 역, 『히브리서 주석』(서울: 복 있는 사람, 2016), 34.

때의 일로 볼 수 있습니다. 네로의 박해는 A.D. 64년부터 본격적으로 시작되었는데, 그렇다면 이 편지도 이 시기를 전후해서 기록된 것으로 볼 수 있습니다.

수신자 교회의 정황과 권면의 강조점

결코 만만치 않은 격랑을 헤쳐 나가야 하는 이 수신자 교회는 지금 어떤 상황에 처하여 있는 것일까요? 그들이 안팎으로 직면한 위험 요소들을 엘링워스(Paul Ellingworth)가 세 가지로 잘 요약하여 설명합니다.[12] 첫째, 수동적 위험입니다. "등한히 여김"(2:3)이나 "둔함"(5:11, 6:12) 같은 것입니다. 둘째, 능동적 위험입니다. "살아 계신 하나님에게서 떨어짐"(3:12)이나 "모이기를 폐하는 습관"(10:25), "짐짓(=고의적으로) 죄를 범함"(10:26) 같은 것이 여기에 속합니다. 셋째, 외부적 위험인데, 박해의 상황(10:32 이하)을 가리킵니다.

이런 위험들을 앞에 두고 있지만 히브리서 저자는 성도들에게 뒤로 물러나지 말고 믿음의 인내로 끝까지 담대함을 지켜 갈 것을 독려합니다. 이 편지의 성격을 한마디로 압축해 주는 표현이 13:22에 나옵니다. "형제들아 내가 너희를 권하노니 권면의 말을 용납하라." 여기에 나오는 "권면의 말"은 히브리서 전체를 가리킵니다. 저자가 자신의 편지를 "권면의 말"이라고 스스로 정리합니다. 동일한 표현이 사도행전 13:15에도 나옵니다. 비시디아 안디옥의 유대인 회당에서

12 Ellingworth, *Hebrews*, 78-79.

회당장들이 율법과 선지자의 글을 읽은 후에 바울 일행에게 권면의 말을 요청하는데, 이는 곧 회당에서의 설교를 가리킵니다. 이와 같은 이유 때문에 일부 주석가들이 히브리서 저자를 '설교자' 또는 '목회자'로 지칭하는데,[13] 이는 결코 과하지 않은 표현이라고 봅니다.

히브리서 저자가 그의 설교를 통해 강조하고자 하는 핵심 요지는 선명합니다. 무엇보다, 우리가 이미 가진 신앙 고백의 가치를 재발견하는 일입니다. 우리에게는 더 좋은 언약이 있고 더 좋은 대제사장 예수 그리스도가 있습니다. 우리에게는 새로운 가르침이나 제도가 필요한 것이 아니라 그리스도의 우월하심을 온전히 깨닫는 것이 필요할 뿐입니다. 나아가서, 히브리서 저자는 그리스도와 그의 집인 교회가 전적으로 하나가 되는 것이 중요하다고 강조합니다. 그리스도께서 우리의 신실한 인도자이신 만큼 우리 또한 그의 신실한 백성이 되어야 합니다. 이런 하나 됨이 견지될 때에만 그가 얻으신 모든 것을 함께 누릴 수 있습니다. 또 하나의 강조점은 종말론적 약속의 중요성입니다. 그리스도에 의해 보증된 하나님의 약속은 그것을 향하여 나아가는 우리에게 믿음의 담대함과 인내를 요구합니다. 비록 이 세상의 소유를 빼앗기는 상황을 당할지라도 우리가 담대할 수 있는 이유는 하나님의 약속이 있기 때문입니다. 이 약속은 우리의 현실을 연단으로 보게 하는 인식의 전환을 제공합니다.

---

13 Gareth L. Cockerill, *The Epistle to the Hebrews*(NICNT; Grand Rapids: Eerdmans, 2012), 2; Guthrie, *Hebrews*, 24, 26("preacher-minister-rhetor"); Peter T. O'Brien, *The Letter to the Hebrews*(PNTC; Grand Rapids: Eerdmans, 2010), 11; Thomas G. Long, *Hebrews*, 김운용 역, 『현대성서주석: 히브리서』(서울: 한국장로교출판사, 2006), 34.

구약 성경 사용

히브리서 저자의 설교의 방식은 1세기 당시의 랍비들이 즐겨 사용하던 미드라시(midrash) 방식입니다. 즉 "적절한 본문[구약 성경]을 인용하고 그 진리를 청중에게 가장 실제적인 차원에서 적용하여 해설하는" 설교의 방식입니다.[14] 따라서 구약 본문이 저자의 모든 권면의 출발점이 됩니다. 그는 이 서신의 처음부터 마지막까지 구약 본문들을 인용하거나 암시하기를 쉬지 않습니다. 롱네커(R. N. Longenecker)는 히브리서 속에 38회의 직접 인용과 최소한 55회의 암시들이 나타난다고 말합니다.[15] 레인(William L. Lane)은 좀 더 상세하게 이를 구분해서, 명시적인 인용 31회, 덜 분명한 인용 4회, 암시 37회, 요약적 언급 19회, 이름이나 주제의 언급 13회로 세분화합니다.[16] 그만큼 히브리서 저자가 일관되게 그리고 다양한 방식으로 구약 본문을 사용하고 있음을 보여 줍니다. 해그너(Donald Hagner)는 이와 관련하여 이렇게 말합니다. "히브리서의 전체 논증은 실제적으로 구약 본문들에 의존한다. 실제로 저자는 이 핵심 인용들을 중심으로 그의 논증을 짠 것으로 보인다."[17] 이 판단이 옳다고 봅니다. 본서의 구성도 자연스럽게 히브리서의 이러한 특성을 따라서 전개될 것입니다.

히브리서 저자의 설교는 처음부터 끝까지 예수 그리스도에게 초

---

14 Hagner, *Hebrews*, 15. 더 자세한 설명은 Otto Michel, *Der Brief an die Hebraer*, 강원돈 역, 『히브리서』(서울: 한국신학연구소, 1987), 31-52 참조.

15 Richard N. Longenecker, *Biblical Exegesis in the Apostolic Period*(Carlisle: Paternoster, 1975, 1995), 164-67.

16 Lane, *Hebrews 1-8*, cxvi.

17 Hagner, *Hebrews*, 15.

점이 맞추어져 있습니다. 그렇다고 해서 구약 본문에 억지로 예수 그리스도를 대입해서 읽는 것은 아닙니다. 하나님의 뜻의 계시가 그의 아들 안에서 최종적으로 명확하게 밝혀졌다는 관점에서 볼 때 구약의 본문들이 더 선명하게 보이는 것일 뿐입니다. 해그너는 이를 '더 충만한 의미'(*sensus plenior*)라는 개념으로 설명합니다. "이는 텍스트에 낯선 어떤 의미를 첨가하는 것이 아니라 의도된 성취의 관점으로 텍스트를 보는 것"을 말합니다.[18] 또는 이 관계가 '모형론'(또는 '예표론')이라는 이름으로 설명되기도 합니다. 슈라이너(Thomas R. Schreiner)의 표현처럼, 구약의 본문들과 예수 그리스도의 사이에서 나타나는 일치와 유사는 우연한 것이 아니라 의도된("하나님께서 의도하신") 것이며, 따라서 "예언적" 성격을 띠며, "점층성"("모형의 성취는 항상 모형보다 위대하다")을 가진다는 것입니다.[19]

종말론적 관점: 성취와 기다림

히브리서 저자가 모형과 실재라는 개념을 사용하기 때문에 종종 그의 사상적 기반이 플라톤의 사상 세계가 아닌가 하는 관심을 불러일으키기도 하였습니다. 얼핏 보면 둘 사이에 상당한 유사점이 있는 것 같습니다. 쾨스터(Craig Koester)가 이런 유사점에 대해 잘 정리해 줍니다.[20] 플라톤 사상은 원형(archetypos 또는 paradeigma)과 모사

---

18 Hagner, *Hebrews*, 16.

19 Schreiner, 『히브리서 주석』, 73.

20 Koester, *Hebrews*, 98.

(memēma 또는 그림자 skia)를 구분합니다. 유사한 방식으로 히브리서에도 "하늘에 있는 것들의 모형(hypodeigma)과 그림자(skia)"(8:5, 9:23), "참 것의 그림자(antitypos)"(9:24), "장차 올 좋은 일의 그림자(skia)"(10:1) 같은 표현들이 나옵니다. 그러나 자세히 보면 이런 유사성은 표면적인 데서 그칩니다. 브루스(F. F. Bruce)가 잘 지적하듯이, "하늘에 있는 것들"과 지상의 "모형"의 구분은 플라톤이나 필로보다 훨씬 이전에 구약(출 25:40)에서부터 도출된 개념입니다.[21]

무엇보다 더 중요한 점은 슈라이너가 잘 지적하는 것처럼, 히브리서에서는 "하늘과 땅의 표현이 종말론적 시간표에 따라 배치되어 있다"는 점입니다.[22] 원형과 모형을 나누는 플라톤의 사상 세계 속에서는 찾아볼 수 없는 요소 하나를 히브리서가 가지고 있는데, 곧 종말론적 시간 개념이라고 합니다. 슈라이너는 본서에서 취하는 성취와 기다림이라는 종말론적 관점을 다음과 같이 잘 정리해 줍니다. "하나님의 종말론적 약속들이 예수 그리스도를 통해 … 성취된 것은 분명하다. 하지만 이 성취가 아직 완결된 것은 아니다. 그렇기 때문에 신약 성경의 증거에는 종말론적 긴장이 특징적으로 존재한다. 히브리서 역시 이런 관점을 공유한다."[23] 이렇게 독특한 종말론적 관점이 히브리서 설교의 특성을 결정짓습니다. 우리는 이미 그리스도 안에서 실현된 약속을 붙들고 그 완성을 향하여 끝까지 인내하며 달려 나아가도록 부름 받았습니다. 그런 점에서 우리는 세상에서 가장 독특한 부류의 사람들입니다. 성도들에게 이런 정체성을 확고히 정립하시

21 Bruce, *The Epistle to the Hebrews*, 33.

22 Schreiner, 『히브리서 주석』, 73.

23 Schreiner, 『히브리서 주석』, 68.

모든 시련과 도전에 맞서 끝까지 견디고 이기는 자들이 되도록 권면하는 것이 히브리서의 기록 목적입니다.

히브리서의 전체 구조는 매우 정교하게 잘 짜여져 있습니다. 우리가 히브리서의 구조를 생각하면서 고려해야 할 세 가지 사항이 있습니다.

첫째, 히브리서 저자가 자신의 논증의 흐름을 독자들이 잘 따라올 수 있도록 구조적인 장치를 빈번히 사용한다는 점입니다. 특히 수미쌍관(inclusio)의 조합들을 많이 사용합니다.[24] 그러므로 이 조합들을 최대한 잘 살려서 구조상의 흐름을 정리하는 것이 좋습니다. 때로는 작은 단위의 수미쌍관 조합들도 있고, 매우 큰 단위를 이루는 조합도 있습니다. 특히 4:14-16과 10:19-24는 그 전체가 하나의 거대한 수미쌍관 구조를 형성합니다. 이 부분이 히브리서의 가장 중심이 되는 몸체입니다.

경우에 따라 수미쌍관의 조합이 중첩되기도 합니다.[25] 4:14의 경우가 그렇습니다. 이 구절은 3:1-4:14의 수미쌍관 구조를 이루면서, 동시에 4:14-16과 10:19-24의 수미쌍관 구조를 이루기도 합니다. 이러한 방식으로 4:14은 그 앞에서 논증해 오던 내용의 결론 역할을 하면서 동시에 새롭게 시작하는 논증 부분의 서론 역할을 하기도 합니다. 이때 표기가 두 번 나올 수밖에 없는데, 이는 실수가 아니라 의도적인 장치입니다.

24 구체적인 예들에 대해서는 George H. Guthrie, *The Structure of Hebrews: A Text-Linguistic Analysis*(Grand Rapids: Baker Books, 1994), 76-89 참조.

25 참조. Guthrie, *The Structure of Hebrews*, 102-104.

둘째, 이 서신의 전체적 성격이 설교("권면의 말", 13:22)라는 점을 고려할 필요가 있습니다. 설교 안에서 선포와 권고와 경고가 하나의 사이클을 형성합니다. 이 세 요소가 늘 같이 나오지는 않지만, 주기적으로 경고 부분들이 나오고 있음에 주목할 필요가 있습니다. 이 경고들은 거의, 항상 더 좋은 것을 가진 신약 성도들의 특권을 언급한 후에 이어서 등장합니다. 이토록 좋은 것을 가졌는데 그 혜택을 누리기는커녕 오히려 퇴보하거나 물러선다면 그 비참함과 안타까움이 얼마나 더 큰지 보라는 것입니다. 그런 점에서 경고들은 대체로 칼 와호메르(qal wahomer)의 논리적 특성을 띱니다. 낮은 차원의 진리(천사들을 통해 주신 율법의 말씀)도 권위가 큰데, 더 높은 차원의 진리(아들을 통해 주신 말씀)는 그 권위가 얼마나 더 크겠느냐는 것입니다. 그런 만큼 그것을 무시하여 발생하는 결과 또한 더욱 치명적일 수밖에 없습니다. 이를 바탕으로 "흘러 떠내려가지 않도록" 조심하라고 경고하는 것입니다(2:1). 경고의 반대편에 있는 권고는 말할 것도 없이, 그리스도 안에서 주어진 특권과 축복들을 온전히 누리도록 힘쓰라는 내용입니다.

"황금의 입"으로 불리는 탁월한 설교자 요하네스 크리소스토무스(John Chrysostom, 약 A.D. 349-407년)는 히브리서에 사용된 '비교'(synkrisis)와 '비난'(psogos)의 수사적 논법이 지닌 힘을 잘 포착합니다. '비교'는 "일단 훌륭하다고 생각되는 하나의 대상에서 출발하여 이보다 더 좋은 또 다른 대상에게로 듣는 이의 주의를 옮기게 하여 결국 더 나은 쪽을 받아들이게끔 이끄는 데" 그 목적을 둡니다.[26] 크

26 Heen and Krey, 『교부들의 성경 주해: 히브리서』, 43.

리소스토무스는 12:18-24과 관련하여 이렇게 말합니다. "무엇을 비교할 때는 둘 중 못한 것을 먼저 높이 치켜세워 주어야 그보다 나은 것이 훨씬 돋보입니다. 그렇게 비교된 새 계약으로 우리가 받은 은혜는 더욱 자비롭고 감탄스러운 것입니다. 우리는 이중의 혜택을 받았습니다. 옛 계약보다 훨씬 위대하고 영광스러운 은혜인데도 어렵지 않게 다가갈 수 있기 때문입니다."[27] 이런 혜택을 잘 누리도록 권고하는 것이 히브리서의 설교의 목적이지만, 동시에 여기에는 12:25-29의 "거역하지 말라"라는 경고가 따라옵니다. 이러한 방식으로 권고와 경고가 자주 하나의 짝을 형성합니다.

셋째, 또 하나 고려해야 할 점은 히브리서가 구약의 인용 본문들을 중심으로 전개된다는 점입니다. 저자는 중요한 논제들을 다룰 때마다 구약 본문들을 인용하고 그 본문들을 중심으로 논증을 전개해 나갑니다. 다만 그가 사용하는 구약 본문들이 전체 글의 흐름 속에 자연스럽게 녹아들어 있기 때문에 이것들을 중심으로 별도의 구조 분석을 하기는 어렵습니다. 그러나 그 인용 본문들이 지닌 무게에 대해서는 항상 관심을 기울이지 않을 수 없습니다.

이상의 세 가지 요소를 고려하여 히브리서 전체의 구조를 다음과 같이 구성해 보고자 합니다.

A. 1:1-4 서언 겸 첫 포석: 이 마지막 때에 아들을 통해 말씀하셨다!
B. 1:5-2:4 아들을 통한 말씀에 특별히 주목해야 하는 이유
  ① 1:5-14 천사보다 뛰어난 아들의 지위와 이름
  ② 2:1-4 **경고!** 더 좋은 것을 받고도 표류하는 자들이 되려는가?

27 Heen and Krey, 『교부들의 성경 주해: 히브리서』, 372.

C. 2:5-18 인간이 잃어버린 영광의 회복을 위해 오신 구원의 창시자

① 2:5-9 잠시 동안 천사보다 못한 자리에 처하신 하나님의 아들

② 2:10-18 우리를 위해 우리와 같이 되신 구원의 창시자요 대제사장이신 아들

D. 3:1-4:14 신실하신 대제사장에 대한 소개와 우리의 신실함에 대한 요청

① 3:1-6 신실한 모세보다 더 뛰어나신 하나님의 아들 대제사장

② 3:7-19 **경고!** 더 좋은 인도자를 가지고도 불신앙의 실패를 되풀이하려는가?

ⓐ 3:7-11 성령의 말씀으로 시편 95:7-11 인용

ⓑ 3:12-19 살아 계신 하나님에게서 떨어짐의 원인은 불신앙이다

③ 4:1-14 **권고!** 안식 축제에 들어가기를 힘쓰라!

ⓐ 4:1-11 실패한 선조들과 달리 믿는 우리는 약속된 안식에 들어간다

ⓑ 4:12-13 항상 살아 있고 모든 것을 드러내어 밝히는 하나님의 말씀

ⓒ 4:14 요약적 전환 문구: 대제사장, 승천하신 이, 하나님의 아들

E. 4:14-10:39 더 좋은 제사장, 더 좋은 언약, 더 좋은 제물을 통한 완벽한 구원

① 4:14-16 우리가 가진 큰 대제사장을 통해 하나님 앞에 담대히 나아감

② 5:1-10 하나님께서 세우신 더 좋은 제사장 예수 그리스도

③ 5:11-6:20 위험과 경고와 격려와 권고

ⓐ 5:11-6:3 공동체가 둔함에 빠져 자라지 못함에 대한 우려

ⓑ 6:4-8 **경고!** 더 좋은 제사장을 가지고도 퇴보에 빠지려는가?

ⓒ 6:9-12 공동체 안의 고무적인 조짐과 격려

ⓓ 6:13-20 **권고!** 하나님의 맹세가 주는 확신을 가지라!

④ 7:1-28 멜기세덱의 반차를 따라 맹세로 세워지신 대제사장

ⓐ 7:1-10 레위를 앞서고 능가하는 제사장 멜기세덱

ⓑ 7:11-28 맹세로 세워진 멜기세덱 계열의 대제사장 예수 그리스도

⑤ 8:1-13 옛 언약보다 더 좋은 새 언약과 그 중보자

ⓐ 8:1-6 새 언약의 중보자 예수 그리스도

ⓑ 8:7-13 옛 언약의 한계를 명확히 보여 주는 새 언약(렘 31:31-34)

⑥ 9:1-10 개혁이 필요한 옛 언약의 제도들과 그 한계

⑦ 9:11-28 그리스도의 피를 통한 완벽한 정결과 그 결과

⑧ 10:1-14 반복되는 제사와 그리스도의 단번의 제사 사이의 결정적 차이

⑨ 10:15-25 **권고!** 예수의 피를 힘입어 담대히 하나님께 나아가자!

⑩ 10:26-31 **경고!** 이 좋은 언약을 가지고서도 다시 죄의 자리로 돌아가려는가?

F. 10:32-12:29 믿음으로 인내하며 약속을 향해 함께 경주하는 새 언약 공동체

① 10:32-39 약속을 얻기 위해서는 믿음의 인내가 필요하다

② 11:1-40 믿음을 실행으로 옮긴 선진들의 모범

③ 12:1-3 믿음의 경주를 위한 핵심 조건: 예수 그리스도의 본

④ 12:4-13 믿음의 경주를 위한 훈육의 불가피성

⑤ 12:14-17 화평과 거룩의 공동체를 위한 추구

⑥ 12:18-24 새 언약 백성에게 주어진 특권과 축복

⑦ 12:25-29 **경고!** 이런 특권을 가지고서도 거역하는 자가 되려는가?

G. 13:1-19 새 언약 백성의 삶과 예배

① 13:1-6 형제 사랑과 거룩의 삶을 위한 실제적인 권면들

② 13:7-17 말씀의 지도자들을 존중하고, 영문 밖 고난의 삶을 기꺼이 취하자!

③ 13:18-19 기도의 부탁

H. 13:20-25 축복의 인사와 종결

- **성취**: 하나님께서는 구약 선지자들을 통해 메시아의 오심에 대해 여러 차례, 여러 방식으로 예언하셨다. 이 예언들이 예수님의 오심 속에서 성취되었다. 히브리서 저자는 예수님께서 무엇을 어떻게 성취하셨는지를 자세히 설명한다.
- **기다림**: 예수님께서 구약의 약속들을 성취하셨으나 아직 완성은 오지 않았다. 신약 성도들은 성취 속에서 완성을 기다리는 특권을 누리는 사람들이다. 이 기다림은 막연한 기다림이 아니다. 예수님의 인도를 따라 담대하게 인내하며 소망을 현실로 바꾸어 내는 삶을 말한다.
- **칠십인역**: 대략 B.C. 250–150년 사이에 이집트 알렉산드리아에서 고대 그리스어(헬라어)로 번역된 구약 성경을 가리킨다. 그리스-로마 세계 속에 살았던 신약 성도들에게 익숙한 구약 성경이다. 번역되는 과정에서 때로 히브리어와 의미상 미세한 차이가 일어나기도 하였다. 히브리서 저자는 칠십인역을 주된 텍스트로 사용하였다.
- **칼 와호메르(Qal Wahomer) 논리**: 아 포티오리(a fortiori) 논법이라고도 한다. 랍비들이 즐겨 사용한 해석 방식으로, 일상적이고 더 낮은 차원의 진리를 바탕으로 더 높은 차원의 진리를 강화하여 입증하는 논리 방식이다. 히브리서에서 이 논리가 자주 사용된다. 더욱 상세한 설명은 최승락, 『하물며 진리』(킹덤북스, 2013)를 참고하라.
- **창시자(아르케고스)**: 고난과 곤궁의 상황을 앞장서서 헤쳐 나가는 구원자나 지도자를 가리킨다. 선구자, 영도자, 창시자, 캡틴, 챔피언 등으로 번역할 수 있다. 구약의 배경을 염두에 둔다면 구원의 인도자(출 20:2, 사 42:13, 49:24-26)의 의미로 이해할 수 있다. 최승락, 『성경해석 산책』(SFC, 2006), 50–51쪽 참고.
- **인클루지오(Inclusio)**: 수미쌍관법으로 불린다. 시작 부분에서 사용한 용어나 개념을 종결 부분에서 다시 언급하여 전체를 하나로 묶는 문학적 장치다. 요점을 되풀이하거나 주제의 일관성을 부각하고자 할 때 주로 사용한다. 히브리서 저자는 서신 전체에 걸쳐서 이 기법을 빈번히 사용한다.
- **안식**: 히브리서에서는 신약 성도들이 기다리는 완성을 안식으로 표현한다. 안식은 창세기 2:2에서 예고되었고, 출애굽 선조들이 안식의 약속을 놓친 전례를 남겼다. 이제 신약 성도들은 신실한 인도자이신 예수님을 따라 안식에 들어가는 축복을 누

린다. 우리가 누리는 안식은 정적인 휴식 차원을 넘어 역동적인 안식 축제(히 4:9)의 성격을 띤다.

- **성소**: 하나님께서 그 백성과 만나 교제하시는 장소다. 지상 차원의 원형은 에덴동산이며 이후 성막과 성전으로 형상화되었다. 이스라엘 백성은 하나님께서 알려 주신 방식대로 이 형상들을 건설했다(출 25:8). 예수님께서는 땅에 속한 성소가 아닌 하늘 성소로 신약 성도들을 인도하신다. 신약 성도들은 예수님을 따라 담대하게 하늘 성소에 나아가 하나님을 예배하고 그분과 교제한다.
- **멜기세덱**: 창세기 14장, 시편 110편에 등장하는 신비로운 인물이다. 그는 살렘의 왕이기도 해서 의와 평화의 왕으로 불린다. 그는 레위 계열의 제사장이 나타나기도 전에 이미 제사장이었으며, 시편 예언에서는 예수님의 예표로 그를 언급한다. 히브리서 저자는 이 점을 근거로 그의 반차(계열)를 따른 예수 대제사장의 우월성을 부각한다.
- **새 언약**: 언약을 깨트린 이스라엘에게 선지자 예레미야를 통해 주신 새로운 약속이다(렘 31:31-34). 주요 내용은 사죄의 약속, 하나님에 대한 보편적 지식, 마음에 새긴 율법과 속사람의 새롭게 됨이다. 히브리서 저자는 예수님께서 새 언약의 중보자로서 우리를 위하여 그 언약을 이루셨다고 설명한다. 새 언약의 강력한 효력과 중보자의 우월성으로 말미암아 우리는 더 이상 옛 언약을 돌아보지 않는다.
- **대제사장**: 제사장은 구약 시대 때 예배의 중심인물이었다. 제사장들은 성전 봉사와 백성에게 율법을 가르치는 일 등을 담당했다. 하나님께서 이 일을 아론과 그의 아들들에게 맡기셨다(출 28:1-4). 히브리서에서는 속죄일 제사와 관련해 예수님을 대제사장이라고 부른다. 그는 그를 믿는 신약 성도들을 죄 용서와 거룩함으로 인도하는 영원한 대제사장이시다.
- **속죄일**: 하나님께서는 속죄일 제의를 통해 이스라엘 백성의 죄를 용서하겠다고 약속하셨다(레 16:30). 대제사장은 그날 이스라엘 백성의 죄를 짊어지고 성소에 들어가 제물의 피를 뿌린다. 성소를 깨끗하게 한 뒤 살아 있는 염소 위에 안수하여 영문 밖으로 보내 버린다. 히브리서 저자는 예수님께서 대제사장이시며 동시에 스스로 제물이 되셔서 자기 피를 하늘 성소에 뿌리셨다고 설명한다. 그러므로 이제는 속죄일의 반복적인 제의가 더 이상 필요하지 않다.
- **믿음**: 믿음은 내가 꿈꾸고 소망하는 것을 달성하기 위한 수단이 아니다. 히브리서 11:1을 그 맥락에 따라 이해하면, "믿음은 하나님께서 주기로 약속하신 것들의 실상이요, 눈에 보이지는 않지만 하나님께서 현실로 마련해 놓으신 것들의 증거"다. 믿음의 대상과 내용은 하나님과 하나님의 약속이다.

• 이 책은 서울 서문교회의 석좌교수 후원의 일환으로 출판되었습니다.

최종적인 말씀을 받은 우리의 기다림

1:1-2, 2:1-3

1:1-2 옛적에 선지자들을 통하여 여러 부분과 여러 모양으로 우리 조상들에게 말씀하신 하나님이 이 모든 날 마지막에는 아들을 통하여 우리에게 말씀하셨으니 이 아들을 만유의 상속자로 세우시고 또 그로 말미암아 모든 세계를 지으셨느니라

2:1-3 그러므로 우리는 들은 것에 더욱 유념함으로 우리가 흘러 떠내려가지 않도록 함이 마땅하니라 천사들을 통하여 하신 말씀이 견고하게 되어 모든 범죄함과 순종하지 아니함이 공정한 보응을 받았거든 우리가 이같이 큰 구원을 등한히 여기면 어찌 그 보응을 피하리요 이 구원은 처음에 주로 말씀하신 바요…

1. 독특한 시작

히브리서의 시작은 매우 독특합니다. 위에 인용된 1:1-2의 말씀처럼 다소 길고 복잡한 문장으로 시작하지만 그 핵심은 분명합니다.

"하나님께서 이 날들의 마지막에 아들을 통해 말씀하셨다." 이것이 전체 문장의 중심 뼈대입니다. 여기서 강조되는 것은 세 가지입니다. 첫째, 하나님께서 말씀하시는 하나님이라는 사실입니다. 둘째, 아들에 대한 강조입니다. 그리고 셋째, "이 날들의 마지막"이라는 종말론적 시점입니다. 이 세 가지를 차례로 살펴보고자 합니다.

먼저, 하나님이 말씀하시는 하나님이라는 점입니다. 하나님은 언제나 말씀하시는 분으로 계셨습니다. 하나님의 말씀은 하나님의 계시입니다. 하나님은 자신을 계시하시는 분이고, 그의 계시로 말미암아 우리가 하나님을 알고 하나님께서 마련하신 구원과 "약속들"의 수혜자가 됩니다. 만일 하나님께서 말씀하지 않으신다면 우리는 하나님을 알 수도 없고 그의 구원에 참여할 수도 없습니다.

그런데 이 계시는 한두 번에 그치는 간헐적인 현상이 아닙니다. 하나님은 지속적으로 자신을 계시해 오셨습니다. "우리 조상들"의 시대, 곧 구약 시대에는 그 계시의 중요한 통로가 선지자들이었습니다. 과거에 하나님은 선지자들을 통해 자신의 계획과 뜻을 부단히 밝혀 오셨습니다. 여기에는 "여러 부분"도 있고 "여러 모양"도 있습니다. "여러 부분"은 계시의 내용과 관련된 표현입니다. 우리의 몸에 여러 부분이 있듯이 하나님의 계시의 말씀에도 여러 부분이 있습니다. 하나님은 자신의 뜻을 한순간에 한 사람의 선지자에게 다 알려 주지 않으셨습니다. 그 어떤 선지자라도 하나님의 뜻을 한 번에 다 받아서 전달할 수는 없습니다. 매우 원대한 하나님의 계획과 뜻은 여러 부분에 걸쳐 여러 시대에 조금씩 조금씩 전해질 수밖에 없었습니다. 그뿐만 아니라 이 생각과 뜻을 일러 주시는 방법도 여러 가지, 곧 "여러 모양"이 있습니다. 어떤 선지자들에게는 말씀을 직접 주기도 하셨고,

꿈을 사용하기도 하셨으며, 꿈의 해석을 통해 말씀하기도 하셨습니다. 때로는 역사나 자연의 현상들을 사용하셨고, 때로는 일상사나 초자연적인 표적들을 사용하셨습니다.

그런데 하나님께서는 이 모든 것보다 더 좋은 방법을 계획하고 계셨습니다. 곧 그 아들을 통하여 말씀하시는 방법입니다. 그래서 두 번째로 강조되는 점이 "아들"이라는 단어입니다. 이 아들이 하나님의 모든 계시의 말씀의 정점입니다. 이 아들을 통한 계시에는 "여러 부분"과 "여러 모양"이 필요가 없습니다. 왜냐하면 하나님의 뜻을 단번에 또한 온전히 전달하실 수 있는 분이기 때문입니다. 이 아들이 하나님께서 선지자들을 통해 말씀해 오셨던 것의 성취입니다. 하나님께서는 우리의 구원과 하나님과의 온전한 관계 회복을 위해 이 아들을 보내시겠다고 선지자들에게 계속 일러 주셨습니다. 그들에게 짐승을 통한 제사나 속죄 방식을 알려 주실 때에도 이 아들을 늘 염두에 두셨습니다. 성전 예배를 지시하실 때에도 이 아들 안에서의 온전한 예배를 늘 생각하셨습니다.

때가 되매 마침내 이 아들이 오셨고, 신약의 성도들은 이 아들 안에서 하나님의 구원을 실제적으로 맛보는 특권을 누릴 수 있게 되었습니다. 이것이 얼마나 큰 특권인지 모릅니다. 믿음의 조상들이 다 이 특권을 누리기를 원했지만(벧전 1:10-11), 하나님의 때가 이르기 전까지는 그저 소망으로만 바라보았을 뿐입니다. 그러나 신약 시대의 성도들은 이것을 실제로 누리는 시대에 태어난 것입니다. 얼마나 감사한 일인지 모릅니다.

그런데 히브리서의 첫머리에서부터 예수 그리스도를 "아들"로 소개하는 것은 히브리서 전체의 내용을 고려할 때 대단히 중요한 포석입니다. 차차 살펴보겠지만, 히브리서는 "대제사장"이신 예수 그리스도를 강조합니다. 그러나 히브리서의 기독론을 떠받치는 핵심 기둥은 대제사장만이 아닙니다. 아들 기독론이 더 우선입니다. 우리의 대제사장이 하나님의 아들이 아니라면 우리는 그에게서 인간 대제사장 이상의 것을 기대할 수 없습니다. 예수님이 아니어도 인간 제사장들을 얼마든지 찾을 수 있습니다. 하지만 하나님의 아들 대제사장은 오직 예수님밖에 없습니다. 예수님이 신분상 하나님의 아들이기만 하고 직무상 우리를 위한 대제사장이 되지 못한다면 우리는 예수님에게서 실질적인 도움을 기대하기 어려울 것입니다. 그러므로 예수님이 우리의 가장 완벽한 대제사장이시기 위해 하나님의 아들이어야 하고, 또한 우리를 도우시기 위해 우리의 연약을 다 취하신 것입니다. "그러므로 우리에게 큰 대제사장이 계시니 승천하신 이 곧 하나님의 아들 예수시라 … 우리에게 있는 대제사장은 우리의 연약함을 동정하지 못하실 이가 아니요 모든 일에 우리와 똑같이 시험을 받으신 이로되 죄는 없으시니라"(4:14-15). 아들이면서 동시에 대제사장이신 이분만이 가장 완전한 하나님의 말씀입니다.

세 번째로 강조되는 것이 "이 모든 날 마지막에"라는 문구입니다. 이 문구는 과거 선지자들을 통해 말씀하시던 "옛적"과 대비됩니다. "이 모든 날 마지막"은 메시아 예수께서 오신 바로 그 시대를 가리킵니다. 선지자들이 예고하였던 "여호와의 날" 또는 "그날"입니다. 물론 "그날"은 선지자들의 언급과는 다소 다른 방식으로 찾아왔습니다. 요엘 선지자가 예고하였던 것처럼 "주의 크고 영화로운 날이 이르기 전에 해가 변하여 어두워지고 달이 변하여 피가 되리라"(행 2:20, 참고. 욜 2:31)라는 말씀은 불과 같이 임한 성령의 오심 속에서 일차적으로 성취되었습니다. 베드로는 이와 같은 요엘의 말씀을 인용하면서 선지자가 말한 "그 후에"(욜 2:28)라는 문구를 의도적으로 "말세에"(행 2:17)로 바꾸었습니다. 다시 말해서, 예수 그리스도께서 높임을 받으신 일(승귀)의 결과로 성령이 오신 이 시대가 곧 "말세"라는 것입니다. 베드로는 이미 마지막 날들의 시대 속에서 살고 있었던 것입니다. 오늘 우리도 마찬가지입니다. 우리는 예수 그리스도의 오심 이후로 마지막 날들을 살고 있는 사람들입니다. 이 시기는 선지자들이 예고하였던 것들의 성취의 날들이면서 동시에 아직 그 완성(극치)을 기다리며 살아야 하는 시기입니다. 우리는 이 독특한 마지막의 날들을 살아갑니다. 또한 이 마지막 날들의 최고의 선물, 곧 하나님 계시의 정점이신 아들을 통하여 말씀을 받고 누립니다.

2. 아들의 이름으로

히브리서는 예수님에게 돌리는 몇 가지 놀라운 표현들을 통해 하나님의 아들로서의 예수 그리스도의 지위가 얼마나 놀라운 것인지를 잘 밝힙니다. 우선 예수 그리스도는 창조 세계와 모든 피조물과 관련하여 "만유의 상속자"요 창조의 중재자이십니다. 세상의 모든 것이 다 그로 말미암아 지음을 받았습니다. 존재하는 모든 것이 그를 통하지 않고는 하나도 존재할 수 없습니다. 그러므로 모든 만물은 그를 통하여 하나님의 창조의 영광을 회복할 수 있습니다.

또한 아들 예수 그리스도는 성부 하나님과의 관계에서 "하나님의 영광의 광채"요 하나님의 "본체의 형상"이신 분입니다. "광채"라는 말은 광원에서 발산되는 빛을 가리킵니다. 하나님을 영광의 광원이라고 한다면 예수 그리스도는 그 영광을 드러내는 빛입니다. 이 광원과 광채는 작용이 다를 뿐 그 성질은 전혀 다르지 않습니다. 그런 점에서 예수 그리스도는 하나님의 "본체의 형상"이시기도 합니다. "본체"는 '휘포스타시스'의 번역인데, 이는 삼위일체론에서도 많이 쓰이는 단어로, 본질이라는 의미입니다. 그리스도는 이 하나님의 본질을 드러내어 구체화하시는 "형상"이십니다. 이 아들 예수 그리스도 안에서 우리는 하나님이 과연 어떤 분인지 가장 생생히 알고 경험할 수 있습니다.

나아가서, 이 아들 예수 그리스도는 그 사역의 측면에서 "능력의 말씀으로 만물을 붙드시"는 분입니다. 이는 그가 만물의 운영자라는 뜻입니다. 모든 만물은 예수 그리스도에 의해 지속적으로 유지되며 또한 그의 은혜의 공급을 받습니다. 그리고 예수님은 "죄를 정결하게 하는 일을 하시고 높은 곳에 계신 지극히 크신 이의 우편에 앉으셨"습니다. 예수님께서 세상에 오신 목적은 우리의 죄를 대속하시기 위함입니다. 그는 우리를 사랑하사 구원하기를 원하시는 아버지의 뜻에 따라 죽기까지 순종하셨고, 그 결과 우리를 하나님의 거룩한 자녀가 되게 하셨습니다. 이 모든 사역을 다 이루시고 승천하신 예수님은 하나님의 보좌 우편에서 지금도 우리를 위하여 대제사장으로 섬기십니다.

이런 귀한 아들이 우리의 구원자 되십니다. 히브리서는 이 예수님을 우리와 관련하여 여러 가지 다른 이름으로 부릅니다. 그는 우리의 "구원의 창시자"(아르케고스, 2:10)이십니다. 우리가 지나가야 할 고난의 길을 우리 앞에서 먼저 헤치고 구원을 확보해 주신 분이라는 의미입니다. 또한 우리를 "거룩하게 하시는 이"(2:11)이며, 휘장 안 하늘 성소에 "앞서 가신 이"(프로드로모스=선발대, 6:20)입니다. 그는 하나님께서 우리와 맺으신 더 좋은 언약의 "보증"(엥귀오스=담보자 또는 보증인, 7:22)이 되셨습니다. 이 하나하나의 이름들이 너무나 귀합니다. 차차 그 의미를 살펴보도록 하겠습니다. 다만 이 자리에서 강조하고자 하는 것은 우리를 위하여 이 모든 확실한 은혜와 혜택들을 확보하여 주신 분이 다름 아닌 하나님의 아들이라는 사실입니다. 그는 우리가 하나님께 나아가는 유일하고도 가장 확실한 통로입니다. 우리는 오직 이 아들의 이름으로만 아버지께 담대히 나아갈 수 있습니다.

3. 천사들과의 비교

하나님의 아들 예수 그리스도에 대한 압축적인 소개 후에 갑자기 천사들에 대한 언급이 나옵니다. "그가 천사보다 훨씬 뛰어남은 그들보다 더욱 아름다운 이름을 기업으로 얻으심이니"(1:4). 이 구절은 히브리서에 나오는 천사들에 대한 최초의 언급입니다. 우리가 주의해야 할 점은 이 구절이 천사에 대해 말씀하고자 하는 것이 아니라 여전히 "아들"에 대해 말씀하고 있다는 사실입니다. 천사들이 특별한 존재임은 분명하지만, 우리를 구원하러 오신 하나님의 아들은 그 천사들과 비교할 수 없이 특별하신 분입니다. 본문은 아들의 비교할 수 없는 탁월함을 말하려고 천사들을 언급하는 것뿐입니다.

하나님께서는 어떤 천사에게도 "아들"이라는 이름을 주지 않으셨습니다. 그러나 예수 그리스도에게는 "아들"이라는 이름을 주셨고,

그중 "맏아들"이라고까지 하셨습니다. 이 "맏아들"(프로토토코스)은 골로새서 1:15에서 모든 피조물보다 "먼저 나신 이"로 번역된 단어와 동일합니다.

"또 그가 맏아들을 이끌어 세상에 다시 들어오게 하실 때에"(1:6)라는 문구는 번역을 조금 다르게 할 필요가 있습니다. 여기서 "세상"은 일반적으로 세상을 가리킬 때 사용하는 '코스모스'가 아니라 '오이쿠메네'인데, 2:5의 "장차 올 세상"에서 쓰인 것과 동일한 단어입니다. 곧 그리스도께서 상속하신 영원한 세계를 가리킵니다. 그렇다면 예수 그리스도를 세상에 이끌어 들인다는 것은 예수님의 초림이나 재림이 아니라 천상 세계로의 승귀와 관련된 표현입니다. 또한 "다시"라는 부사도 "들어오게"라는 동사에 연결되는 것이 아니라 6절 맨 끝에 놓인 "말씀하시며"와 연결됩니다. 그러므로 "그가 맏아들을 천상 세계에 이끌어 들이실 때 다시 말씀하시기를"이라는 방식으로 번역하면 의미가 더 뚜렷해집니다.

1:6, 개역개정 또 그가 맏아들을 이끌어 세상에 다시 들어오게 하실 때에 … 말씀하시며

1:6, 사역 또 그가 맏아들을 천상 세계에 이끌어 들이실 때 다시 말씀하시기를…

1:6, NIV And again, when God brings his firstborn into the world, he says…

히브리서 설교자가 1장에서 연쇄적으로 인용하는 일곱 개의 구약 본문은 모두 아들이 천사들과 비교할 수 없이 더 우월하신 분임을 강조하는 데 그 초점이 놓여 있습니다. 천사들은 "섬기는 영들"입니다. 물론 하나님을 섬기며 나아가 그의 아들을 섬깁니다. 그러나 여기에서 그치지 않습니다. 한 걸음 더 나아가, 천사들의 섬김이 "구원 받을 상속자들"(1:14)인 우리에게로까지 확장됩니다. 보잘것없는 우리를 하나님의 아들 되신 그리스도께서 섬겨 주셨는데, 그것도 모자라서 천사들의 섬김을 받는 특권을 누리게 되었습니다. 얼마나 놀라운 은혜인지요!

그런데 설교자가 아들을 이야기하다가 갑자기 천사들을 언급하는 데에는 또 다른 특별한 이유가 있습니다. 히브리서를 시작하는 1장 서두에 천사들에 대한 언급이 집중적으로 나오기 때문에 어떤 학자들은 바로 이 문제가 히브리서를 집필한 핵심 목적일 것이라고 추측합니다. 다시 말해서, 유대계 그리스도인 가운데 천사 숭배에 빠진 이들이 있었기 때문에 이를 바로잡기 위해 히브리서를 썼다는 것입니다. 그러나 이 추측은 근거가 부족합니다. 천사들에 대한 언급은 1장과 2장 부분에만 집중되어 있습니다. 만일 이것이 히브리서 기록의 주된 동기였다면 전체에 걸쳐서 더욱 일관되게 다루었을 것입니다.

1장에서 갑자기 천사들을 언급하는 이유가 2장에 가면 곧 밝혀집니다. 2장 시작 부분에서 "천사들을 통하여 하신 말씀"(2:2)이라는 표현이 나옵니다. 이는 1장 시작 부분에 나오는 "아들을 통하여 말씀하셨다"는 것과 대비됩니다. "천사들을 통하여 하신 말씀"은 유대인들이 율법을 가리키는 고유한 표현 방법입니다. 신명기 33:2은 모세가 율법을 받을 때의 정황을 언급합니다. 거기에 보면 시내 산 강림 때 여호와가 대동하셨던 무리가 나오는데, 히브리어 텍스트는 이를 "일만 성도"라고 언급하지만, 헬라어 번역인 칠십인역은 "그와 함께한 천사들"이라고 표현합니다. 히브리서의 수신자들은 헬라어로 번역된 구약 성경에 익숙했기 때문에 이 칠십인역 텍스트에 의거하여 모세가 율법을 받을 때 천사들이 함께하였다고 이해했습니다. 이러한 이해는 헬라어를 모국어로 사용하였던 스데반에게서도 찾아볼 수 있으며(행 7:38, 53), 심지어 사도 바울도 이 이해를 공유하고 있었습니다(갈 3:19).

천사들을 통하여 하신 말씀 곧 율법의 말씀도 하나님의 법으로서의 막강한 효력이 있습니다. 따라서 이를 어길 때에는 합당한 보응을 받습니다. 이처럼 낮은 차원의 말씀도 무시할 수 없는 큰 힘을 가지는데, 하물며 천사와 비교할 수 없이 우월하신 아들을 통하여 하신 말씀이면 어떠하겠습니까? 그 효력이 더 크지 않을 수 없습니다. 이처럼 낮은 차원의 진리를 바탕으로 더 높은 차원의 진리의 타당성을 밝히는 논증 방식을 칼 와호메르(qal wahomer)라 부르는데, 히브리서는 이와 같은 방식을 빈번히 사용합니다. "이 모든 날 마지막에" 우리가 받은 말씀은 천사들이 아닌 아들을 통하여 주신 말씀입니다. 그러므로 우리는 이 귀한 말씀을 더 신중하게 듣고 그 말씀을 따라서 살지 않으면 안 됩니다. 설교자가 천사들을 언급하는 이유가 바로 여기에 있습니다. 새 언약 성도들인 우리에게 말씀의 새 차원이 시작되었다는 사실을 상기시키기 위함입니다.

4. 첫 번째 경고: 표류하지 않도록 주의하라!

이제 신약 시대의 그리스도인들은 말씀 완성의 시대에서 살고 있습니다. 모든 구약의 조상들이 소망하던 그것을 현실로 누리게 된 것입니다. 신약 그리스도인들은 구속사 과정에서 최고의 특권을 누립니다. 이것의 가치를 잘 알아야 합니다. 우리는 구약 예언들의 성취의 시대에서 살고 있습니다. 최고 수준의 말씀을 들은 사람들입니다. 우리는 모세보다, 엘리야보다 더 큰 특권을 누립니다. 예레미야나 에스겔 같은 위대한 선지자들도 부러워할 은혜를 누리고 있습니다.

동시에 우리에게는 더 큰 책임이 따릅니다. 이 구원의 말씀을 이 혼란스러운 종말의 시대에서 잘 지켜 나가야 할 책임이 있습니다. 우리가 처한 상황은 매우 독특합니다. 우리는 메시아이신 예수님의 오심으로 말미암아 이미 시작된 종말의 시대에서 살고 있습니다. 메시아에 대한 구약의 모든 예언이 예수 그리스도의 오심 속에서 다 성취되었습니다. 그러나 우리는 아직도 그 완성(극치)을 기다려야 하는 상황에 놓여 있습니다. 이 완성은 이미 성취된 것의 완성을 말합니다. 그래서 성취 속의 기다림이라는 이 독특한 상황이 만들어진 것입니다. 장차 그리스도께서 하늘로부터 강림하실 때 우리는 온전한 완성을 맛보게 될 것입니다. 그 사이에서 우리는 성취를 붙들고 완성을 기다리며 살아갑니다.

이런 기다림은 모든 믿음의 사람들의 공통적인 요소입니다. 믿음의 조상이라 불리는 아브라함도 그러하였습니다. 히브리서는 아브라함의 삶을 기다림의 삶으로 정의합니다. 그는 믿음의 기다림을 통해 약속을 기업으로 받는 사람들의 모델입니다(6:17). 또한 땅 위에서 임시 처소인 장막에 거하며 자신을 외국인과 나그네로 고백하였던 사람들의 원조입니다(11:9, 13). 그리스도인들은 아브라함의 삶의 모습을 따라 세상 속에서 나그네로, 기다림의 사람으로 살아갑니다.

그러나 이 기다림은 결코 막연한 기다림이 아닙니다. 왜냐하면 우리의 믿음의 창시자요 종결자가 되시는(12:2) 예수 그리스도께서 이미 그 완성의 자리에 도달해 계시기 때문입니다. 우리가 할 일은 그리스도 안에서 우리에게 주신 믿음의 담대함을 잘 견지해 가는 것입니다. 곧 그리스도의 피로 말미암아 천상 성소, 하나님의 보좌 앞에 나아가는 담대함("담력", 10:19)을 매 순간 누리면서 계속 인내의 삶을 살아가면 됩니다. 이 담대함의 끝에 하나님의 상이 있습니다(10:35).

결론적으로, 이상의 고찰을 통해 우리는 히브리서의 기록 목적을 잘 포착할 수 있습니다. 천사들을 통해 주신 율법의 말씀도 그 효력이 막강하다면, 하물며 아들을 통해 주신 구원의 말씀은 얼마나 더 그러할까요! 우리에게 주께서 친히 일러 주시고 하나님께서 성령과 더불어 증언하여 주신 구원의 말씀의 놀라운 특권이 주어졌음을 깨달으며 살아야겠습니다. 히브리서 전체는 우리가 얼마나 놀라운 특권을 누리는 사람들인지를 먼저 일러 주고(선포부), 이어서 특권에 부합하는 삶을 살도록 얼마나 힘써야 하는지를 촉구(권면부)하는 방식으로 구성되어 있습니다. 그 첫 번째 단락이 위에서 살펴본 내용입니다. 즉 1:1-14이 아들의 탁월한 지위에 관한 선포부라면, 2:1-4은 이에 근거한 권면부에 해당합니다.

신약 그리스도인들인 우리는 아들을 통해 말씀하신 하나님 말씀의 최종 단계의 특권을 누립니다. 이 모든 특권은 선지자들보다, 천사보다 우월하신 하나님의 아들 예수 그리스도 덕분에 누릴 수 있게 되었습니다. 이제 우리는 이 귀한 특권을 받은 사람답게 믿음 위에 더욱 굳건히 서서, 유혹과 도전의 물결을 따라 표류하는 배처럼 흘러 떠내려가지 않도록 주의하며 살아야 하겠습니다. 이것이 성취의 시대를 사는 그리스도인의 즐거운 기다림의 삶의 모습입니다.

토의를 위한 질문

1. 1:1-2에서 강조하는 세 가지 내용이 무엇입니까? 그리고 이 세 가지 강조점을 통해 신약 성도들이 얻는 유익들은 무엇입니까?

2. 하나님의 아들 예수 그리스도를 어떤 단어들로 묘사합니까? 이 이름들이 신약 성도들에게 어떤 유익들을 줍니까?

3. 히브리서 저자가 일곱 개의 구약 본문을 인용하면서 예수님을 누구와 비교합니까? 그렇게 비교하는 이유는 무엇입니까?

4. 현재 나 또는 공동체가 겪고 있는 유혹과 도전의 물결은 무엇입니까? 그 속에서 나 또는 우리 공동체가 의지해야 할 말씀은 무엇입니까?

시편 8편의 성취와 기다림

2:8-10

2:8-10 …만물로 그에게 복종하게 하셨은즉 복종하지 않은 것이 하나도 없어야 하겠으나 지금 우리가 만물이 아직 그에게 복종하고 있는 것을 보지 못하고 오직 우리가 천사들보다 잠시 동안 못하게 하심을 입은 자 곧 죽음의 고난 받으심으로 말미암아 영광과 존귀로 관을 쓰신 예수를 보니 이를 행하심은 하나님의 은혜로 말미암아 모든 사람을 위하여 죽음을 맛보려 하심이라 그러므로 만물이 그를 위하고 또한 그로 말미암은 이가 많은 아들들을 이끌어 영광에 들어가게 하시는 일에 그들의 구원의 창시자를 고난을 통하여 온전하게 하심이 합당하도다

1. 영광과 존귀로 시작한 인간

히브리서에는 수많은 구약 본문들이 인용됩니다. 이 구약 본문들은 오늘날 우리가 설교를 준비하며 읽는 성경 본문과 같은 역할을 합니다. 다시 말해서, 히브리서는 구약 본문을 중심으로 하는 설교의

형식으로 구성되어 있다는 뜻입니다. 그러므로 히브리서 저자를 설교자라고 불러도 무방합니다. 히브리서 설교자는 구약 본문이 어떻게 예수 그리스도에게 성취되었는지를 보여 주면서 이를 통해 오늘 하나님의 백성이 어떤 유익을 얻었는지 알려 주고 또한 책임 있는 삶을 살아야 한다고 권면합니다.

자, 오늘의 본문 시편 8편을 봅시다. 히브리서 설교자는 2:6-8에서 시편 8:4-6을 인용합니다. 자세히 보면 인용된 본문이 구약 본문과 약간 차이가 납니다. 어떤 차이가 있는지를 잘 살펴보십시오.

> **시 8:5** 그를 하나님보다 조금 못하게 하시고 영화와 존귀로 관을 씌우셨나이다

> **히 2:7** 그를 잠시 동안 천사보다 못하게 하시며 영광과 존귀로 관을 씌우시며

일단 "하나님"이 "천사"로 바뀌었습니다. 구약 히브리어 본문에 사용된 '엘로힘'은 '하나님'이나 '천상의 존재들'을 동시에 가리킬 수 있습니다. 구약 본문에서 '하나님'으로 번역된 곳의 각주를 보면 '또는 천사'로 번역할 수도 있음을 밝히기도 합니다. 히브리서가 "천사"를 선호하는 이유는 구약을 헬라어로 번역한 칠십인역이 이를 "천사"로 번역했기 때문입니다. 히브리서 설교자는 구약 본문을 인용할 때 거의 대부분 칠십인역을 사용하였기 때문에 여기서도 자연스럽게 "천사"라고 표현하고 있습니다.

또 하나 차이가 나는 점은 구약 본문의 "조금 못하게 하시고"가

"잠시 동안 못하게 하시며"로 인용되는 부분입니다. 이것 역시 칠십인역의 번역과 관련이 있습니다. 칠십인역이 택한 헬라어 '브라퀴'는 '조금'(질적으로)과 '잠시'(시간적, 양적으로)의 의미를 다 포함합니다. 일반 인간이 아닌 예수 그리스도께 이 단어를 적용할 때는 '조금'의 의미가 맞지 않습니다. 예수님은 천사들보다 조금이라도 못하신 분이 아니기 때문입니다. 그래서 '조금'보다는 '잠시'의 의미를 취하는 것이 불가피해집니다.

시편 8편은 원래 하나님의 창조의 영광을 노래한 시입니다. 하나님의 창조 세계는 너무나 아름다웠고, 그중에서도 인간이 가장 아름다웠습니다. 하나님은 인간을 자신의 형상을 따라 만드셨고, 다른 피조물들에게 주지 않은 영광과 존귀를 부여해 주셨습니다. 오늘날 많은 사람이 인간을 아무 생각 없이 동물로 분류하는 것과 달리, 하나님께서는 인간을 하나님 자신에게 더 가깝도록 창조하셨습니다. 하나님의 형상을 인간에게만 반영하셨고, 동물에게는 돌린 적이 없는 영광과 존귀를 주셨습니다. 그뿐만 아니라 하나님께서 지으신 다른 모든 만물, 곧 땅과 공중의 짐승들, 바다의 물고기들을 다스리라는 사명을 맡기셨습니다. 이 일을 감당할 수 있도록 특별한 지혜와 능력을 부여해 주신 것은 말할 것도 없습니다. 첫 사람 아담은 이 지혜를 사용하여 각 생물을 종류에 따라 구분하고 그 각각에게 이름을 부여하였습니다(창 2:19-20).

하나님의 창조 세계를 다스리는 하나님의 협력자로서 하나님과 함께하는 동안 에덴에서의 생활은 모든 것이 조화로웠습니다. 첫 사람 아담은 하나님과 늘 동행하였습니다. 또한 하나님께서 그를 깊이 생각하사 그에게 주신 돕는 배필 하와와도 조화로운 관계를 유지하고 있었습니다. 하나님께서 지으신 동산의 모든 나무도 풍성한 실과를 맺으며 인간이 그 속에서 살아가기에 가장 적절한 환경을 제공해 주었습니다. 첫 사람 아담은 가장 이상적인 인간의 모습으로 하나님의 창조의 영광을 누리며 살았고, 사명을 잘 감당함으로써 하나님께 영광을 돌렸습니다. 우리 인간의 출발은 이러하였습니다. 거기에는 인간에 대한 하나님의 특별한 배려가 가득하였습니다. 하나님 자녀의 영광이 충만하였습니다.

2. 실낙원의 어두움

시편 8편은 많은 사람에게 영감을 주었습니다. "해로의 발견자"로 알려진 매튜 마우리(Matthew Maury, 1806-1873)는 병상에서 시편 8편을 읽던 중 "바닷길에 다니는 것"(시 8:8)이라는 구절에 눈길이 머물렀습니다. "바닷길이라니! 아니, 바다에도 길이 있다는 말인가? 그렇다면 내가 찾아보아야겠구나." 이후 19년 동안 그는 바닷물의 흐름과 바람의 흐름을 추적하고 바닷속의 지형을 살피는 등의 노력을 한 끝에 마침내 해로 지도를 작성했습니다. 이것이 수많은 항해자에게 안전과 경제적 유익을 가져다준 것은 두말할 필요도 없습니다.

그뿐만 아니라 아폴로 11호가 최초로 달에 착륙한 후 73개국의 축하 메시지 디스크를 거기에 두고 왔는데, 그 안에 달에 대한 언급이 나오는 시편 8편이 수록되어 있었다고 합니다. 그렇다면 시편 8편은 달에 남겨진 최초의 성경 본문인 셈입니다.

음악가들도 시편 8편을 통해 많은 영감을 받는 것 같습니다. 우리가 자주 부르는 가스펠송 중에도 이 시편을 노래한 곡이 있습니다. "여호와 우리 주여 주의 이름이 온 땅에 어찌 그리 아름다운지요 어찌 그리 아름다운지요!" 매우 감미로운 선율로 이 시편을 참 잘 노래한 곡입니다. 그런데 이 노래를 부르다 보면 어쩐지 마음 한구석에 아쉬움이 맴돕니다. 우리 인간의 현실이 이 내용처럼만 된다면 얼마나 좋을까 하는 생각이 들기 때문입니다. 그러고 보니 시편 8편에는 인간의 가장 보편적인 현상 한 가지가 언급되지 않음을 알 수 있습니다. 곧 인간의 죄와 타락과 고통스러운 현실입니다.

아담은 하나님의 명령을 어기고 타락함으로 말미암아 그 아름답던 존귀와 영광의 지위를 잃어버리고 말았습니다. 죄의 굴레가 아담을 둘렀고, 죄로 인하여 들어온 사망이 그와 그의 후손을 지배하게 되었습니다. 이제 인간은 "죽기를 무서워하므로 한평생 매여 종 노릇하는"(2:15) 신세를 벗어날 수 없습니다. 이것만이 아닙니다. 인간의 타락으로 말미암아 자연도 함께 신음하며 타락의 아픔을 공유하게 되었습니다. 첫 사람 아담이 받은 다스림의 사명 또한 흐려지고 만 것입니다. 하나님의 뜻 대신 인간의 탐욕이 세상을 지배하게 되었습니다. 이에 따라 조화롭던 인간관계가 깨어지고 인간의 세계 속에 각종 거짓과 악독이 차고 넘치게 되었습니다. 상처와 아픔은 자연 세계에서도 일어나고 있습니다. 인간의 탐욕에 의한 자연 훼손과 각종 공해로 자연도 함께 신음하며 아파합니다. 이처럼 죄악과 탐욕이 지배하는 세상이 되면 이 속에는 절망의 탄식과 고통의 신음밖에는 남는 것이 없습니다. 우리 인류는 이런 절망 가운데서 끝없이 살아야만 하는 것일까요? 실낙원의 아픔을 종결짓고 우리를 하나님의 창조의 영광 속으로 이끌어 줄 자가 없을까요?

3. 복락원의 인도자 예수 그리스도

타락한 인간이 스스로를 구원할 수 없는 상태에 빠져 버렸기 때문에 우리는 하나님께서 보내시는 구원자를 기대할 수밖에 없습니다. 그 구원자는 우리가 빠진 비참의 처지 한가운데로 들어와서 우리를 사망의 권세에서 이끌어 내는 일을 하셔야만 합니다. 이런 일을 예수 그리스도께서 하셨습니다. 이를 나타내기 위해 히브리서 설교자가 시편 8편을 예수 그리스도에게 돌리고 있는 것입니다. 앞에서도 보았듯이, 원래 인간 창조의 영광을 노래한 시가 예수 그리스도께 돌려지는 만큼 약간의 변화가 불가피합니다. 아담은 천사보다 '조금' 못하게 지음받았습니다. 그러나 예수 그리스도는 결코 천사보다 못하신 부분이 없습니다. 그러므로 '조금'(질적 차원) 대신 '잠시'(시간적, 양적 차원)가 그에게 돌려지고 있는 것입니다. 헬라어에서는 굳이 표현을 바꿀 필요가 없이 '브라퀴'를 쓰면 되지만, 이를 한글로 옮길 때는 그 표현을 다르게 해야 합니다.

예수님은 우리의 구원을 위하여 "잠시 동안" 천사들보다 못한 자리에 처해지셔야 했습니다. 아니, 천사들뿐이겠습니까? 여느 인간들보다 못한, 가장 비참하고 부끄러운 십자가 고난의 자리로까지 내려가셨습니다. 히브리서 설교자는 시편 8편에서 따온 두 개의 모티프, 곧 영광의 주님과 고난의 주님을 대비시킵니다. 영광의 관점에서 볼 때, 우리 주님은 온 만물이 그에게 복종하여야 할 만유의 주이십니다. 그러나 고난의 관점에서 볼 때, 우리 주님은 천사들보다 못한 처지에서 친히 죽음을 맛보셨습니다. 영광의 관점에서 모든 만물의 복종을 온전히 받으시는 주님을 보는 것은 아직은 기다림의 차원에 속합니다. 지금 우리가 보는 것은 고난의 주님입니다. 구약(시편 8편)이 이미 이루어진 성취 차원입니다. 그것의 완전 성취인 만물 복종은 아직은 기다려야 합니다. 인간이 잃어버린 창조의 영광을 회복하기 위해서는 누군가 고난을 통해 우리를 이끌어 주어야 하는데, 그 일을 하시는 고난의 주님을 우리가 지금 보고 있는 것입니다.

"오직 우리가 천사들보다 잠시 동안 못하게 하심을 입은 자 곧 죽음의 고난 받으심으로 말미암아 영광과 존귀로 관을 쓰신 예수를 보니 이를 행하심은 하나님의 은혜로 말미암아 모든 사람을 위하여 죽음을 맛보려 하심이라"(2:9). 이 구절에서 뼈대를 이루는 핵심 문구는 "우리가 예수를 본다"입니다. 이 예수를 수식하는 두 개의 분사가 앞뒤로 포진되어 있는데 다 수동태입니다. 곧 천사들보다 "못하게 되어진" 예수, 그리고 영광과 존귀로 "관 씌워진" 예수입니다. 이 수동태 표현들이 의미하는 바는 예수님께서 스스로를 낮추시고 스스로 관을 쓰셨다는 것이 아니라, 하나님에 의하여 낮추어지셨고 관 씌워지셨다는 사실입니다. 하나님이 이 모든 일의 주관자이십니다. 이 모든 일이 "하나님의 은혜로 말미암아" 이루어진 일입니다.

예수님께서 종국적으로 영광과 존귀로 관 씌워지셨다고 말하지만, 이 구절의 주도적인 관심사는 그의 죽음의 고난입니다. 이 죽음의 고난받으심이 전제되기 때문에 예수님께서 영광과 존귀로 관 씌워지신 것입니다. 이런 고난이 하나님의 아들에게 본질적인 것이 아닙니다. 우리가 살펴보았듯이, 히브리서 설교자는 1장 시작 부분부터 하나님 아들의 존귀하고 탁월한 지위를 부각시킵니다. 그는 하나님의 본질을 공유하신 분으로서 창조의 주체이며 우주 만물의 운행자이십니다. 이런 분에게 죽음의 고난은 전혀 어울리지 않습니다. 그러나 그분은 아버지의 뜻을 따라 우리 "모든 사람을 위하여 죽음을 맛보" 셨습니다. 즉 우리가 잃어버린 창조의 영광을 회복하시기 위해 타락 이후 모든 인간의 현실이 되어 버린 죽음 한가운데로 들어오셔서 그것을 뚫고 나아가는 길을 열어 주신 것입니다.

하나님의 아들이신 그분이 우리를 도우시려고 우리의 대제사장이 되셨습니다. "그러므로 그가 범사에 형제들과 같이 되심이 마땅하도다 이는 하나님의 일에 자비하고 신실한 대제사장이 되어 백성의 죄를 속량하려 하심이라"(2:17). 히브리서에서 대제사장이라는 칭호를 예수님께 최초로 돌리는 이 구절은 하나님의 아들이신 예수 그리스도의 성육신과 고난이 전적으로 우리를 위하여, 곧 우리의 죄를 속량하기 위하여 이루어진 일임을 잘 보여 줍니다. 그는 우리의 연약과 곤궁의 처지 한가운데로 들어오셔서 우리를 거기로부터 이끌어 내는 역할을 감당하셨습니다.

설교자는 이 일을 행하신 예수 그리스도에게 "구원의 창시자"라는 칭호를 돌립니다. "창시자"는 헬라어 '아르케고스'를 번역한 단어입니다. 이 단어는 다양한 상황에서 다양한 뉘앙스로 번역됩니다. 한 가문을 일으킨 시조를 가리키기도 하고, 무리의 선구자 또는 지도자를 가리키기도 합니다. 일반 헬레니즘 배경 속에서는 압제와 도탄에 빠진 사람들을 구해 주는 헤라클레스 같은 신적 영웅을 '아르케고스'라고 불렀습니다. 히브리서 설교자가 이러한 일반적인 개념을 배경으로 예수님을 '아르케고스'로 불렀을 가능성도 있습니다. 다시 말해서, 헤라클레스 같은 신화적 존재가 아니라 예수님이야말로 우리의 진정한 '아르케고스'라고 강조하는 것입니다. 하지만 이것보다 더 깊고 확실한 배경은 구약입니다. 구약 여러 곳에서 하나님이 이스라엘의 인도자로(출 20:2 등), 자기 백성의 구원을 위하여 싸우시는 이스라엘의 용사로 소개됩니다(사 42:13, 49:24-26). '아르케고스는' 이렇게 구원의 인도자와 용사의 개념에 가깝습니다.

그런데 우리의 '아르케고스'이신 예수님께 매우 특이한 점이 있습니다. 그가 무능력의 상징인 죽음의 고난을 맛보셔야만 했다는 사실입니다. 어떻게 죽음에 굴복한 자가 죽음의 도탄에 빠진 사람들을 건져 주실 수 있을까요? 가장 이해하기 어려운 질문입니다. 그러나 하나님의 가장 놀라운 신비이기도 합니다. 하나님은 그의 아들이 모든 면에서 우리 인간과 하나가 되기를 원하셨습니다. 하나님의 아들은 우리의 처지 밖에서가 아니라 우리의 처지 한가운데로 오셔서 우리의 고난을 친히 짊어지시고 우리를 도우셨습니다. 나아가 그리스도께서는 그의 죽음을 통하여 우리의 죄를 대속하시는 일을 하셔야 했습니다. 다시 말해서, 자신의 허물과 범과 때문에 죽음을 당하신 것이 아니라, "모든 사람을 위하여" 곧 우리의 죄를 속량하기 위하여 죽음을 맛보신 것입니다. 예수님은 이러한 방식으로 우리의 완벽한 '아르케고스-대제사장'이 되셨습니다.

우리를 위한 승리자 '아르케고스'요 동시에 우리를 위한 희생자 대제사장으로서의 이 양자의 신비로운 결합 속에 우리가 잃어버린 영광의 회복을 위한 하나님의 놀라운 지혜가 담겨 있습니다. 그 아들의 "죽음을 통하여 죽음의 세력을 잡은 자 곧 마귀를 멸하시며 또 죽기를 무서워하므로 한평생 매여 종 노릇 하는"(2:14-15) 우리를 해방하시는 것이 하나님의 독특한 구원의 방식입니다. 17세기 영국의 탁월한 신학자 존 오웬(John Owen)은 이 문구를 사용하여 자신의 한 책의 제목을 "그리스도의 죽음을 통한 죽음의 죽음"(*The Death of Death in the Death of Christ*)이라고 붙이기도 하였습니다. 바로 이것이 우리의 '아르케고스-대제사장'이신 예수 그리스도를 통한 하나님의 구원의 방식입니다. 주님의 대속의 죽음을 통해 아담의 후손들 위에 작용하던 죽음의 권세가 이제 끝장나고 말았습니다.

우리의 '아르케고스-대제사장'이신 예수 그리스도 안에서 시편 8편이 온전히 성취되었습니다. 아담으로 말미암아 잃어버렸던 창조의 영광이 종말의 아담 예수 그리스도로 말미암아 다시금 우리의 새 현실이 되었습니다. 우리는 아담의 타락이 가져온 죄악과 사망의 굴레를 벗어나 마지막 아담 그리스도께서 열어 주신 존귀와 영광을 믿음으로 회복할 수 있게 되었습니다. 이런 일을 이루어 주신 우리 주님을 찬양하지 않을 수 없습니다. 친히 죽음을 통과하심으로 우리를 위한 영광의 회복자가 되신 예수 그리스도를 염두에 둘 때에만 우리는 "여호와 우리 주여"의 찬양을 가장 깊은 의미로 노래할 수 있습니다.

4. 성취 속에서의 기다림

예수 그리스도 안에서 시편 8편이 성취되었습니다. 예수 그리스도는 그 순종의 고난을 통하여 영광과 존귀의 관 씌움을 입으셨습니다. 그뿐만 아니라 시편 8편이 말하는 "만물을 그의 발 아래에 두셨으니"라는 부분 역시 성취되었습니다. 죽기까지 복종하신 예수 그리스도를 하나님께서 다시 일으켜 자기의 보좌 우편에 앉게 하심으로써 만물을 그에게 다 복속시키셨습니다(고전 15:27, 엡 1:22, 참고. 빌 2:9-11). 이미 예수 그리스도는 만물의 주이십니다. 따라서 원리적으로는 그에게 "복종하지 않은 것이 하나도 없어야"만 합니다. 하지만 실질적인 차원에서는 "만물이 아직 그에게 복종하고 있는 것을 보지 못하고" 있습니다. 우리의 기다림이 여기에서 비롯됩니다. 우리는 피조물 중에 처음 익은 열매가 되어(약 1:18) 예수 그리스도를 주로 고백합니다. 그러나 모든 만물이 우리와 같이 예수 그리스도의 주권을 인정하는 날이 속히 오기를 기다리며 살아갑니다.

이 기다림은 결코 막연한 기다림이 아닙니다. 왜냐하면 주님께서는 우리를 회복된 인간의 산증인들로 세워 주셨기 때문입니다. 우리는 세상 가운데서 회복된 인간의 영광과 존귀를 노래할 사명을 부여받았습니다. 우리 구원의 인도자(아르케고스) 되신 예수 그리스도처럼, 세상 가운데서 인간 회복의 구체적 실현자로 부름 받은 사람들이 바로 우리 그리스도인들입니다. 이 사명을 감당하며 살아감과 동시에 우리는 예수 그리스도의 주 되심을 선포하고, 우리의 동료 인간들과 모든 만물이 그리스도의 주 되심을 인정하는 그날이 속히 임하기를 고대하며 살아갑니다.

회복된 인간에 대한 비전이 없는 세상은 비참합니다. 거기에는 탐욕과 죄악으로 찌들어 변질된 인간 군상들만 넘쳐 납니다. 이것이 빚어내는 참상들은 우리 모두의 가슴을 찢기에 충분합니다. 만일 인간을 그 타락 속에 그대로 내버려 둔다면 지금까지 경험했던 것들과는 비교가 되지 않을 만큼 더 크고 무서운 비참한 참상들이 일어날 것입니다. 우리는 그리스도 없이 겪을 세상의 아픔과 고통을 생생히 보고 있습니다. 눈물의 애통으로 이 아픔을 함께 짊어져야 합니다. 그리고 모든 인류의 희망이신 그리스도 앞으로 세상을 이끄는 사명을 감당해야 합니다.

인류의 희망은 예수 그리스도밖에 없습니다. 그리스도는 모든 인간 회복의 원천입니다. 그리스도 안에서 하나님은 우리의 잃어버린 창조의 영광을 회복해 주셨습니다. 그리스도께서 고난을 통해 얻으신 영광에 동참하도록 우리를 불러 주신 것입니다. 이 은혜를 온전히 누리며 감사와 찬양으로 살아야 하겠습니다. 또한 그리스도께서 이루신 인간 회복의 새 현실을 세상 앞에 선포하고 구체적으로 실현해 가는 섬김의 삶을 살아야 하겠습니다. 이것이 성취를 품고 극치를 대망하며 살아가는 그리스도인의 참모습입니다.

토의를 위한 질문

1. 시편 8편은 첫 창조 때 인간이 누리던 영광과 특권을 어떻게 표현합니까?

2. 시편 8편에 묘사된 첫 사람의 아름다움과 달리 현재 인간들은 어떤 불행들을 겪고 있습니까? 그 불행의 원인이 무엇입니까?

3. 곤궁에 빠진 세상을 구원하시는 예수님의 모습을 히브리서 저자가 어떤 방식으로 설명합니까? 예수님의 낮아지심은 나에게 어떤 유익을 줍니까?

4. 예수님께서 만물의 주가 되셨지만 만물이 그에게 복종하는 것을 우리는 아직 보지 못하고 있습니다. 우리는 어떤 자세로 그를 섬깁니까?

5. 내(공동체)가 꿈꾸는 세상은 어떤 모습입니까? 그 비전이 예수님과 어떤 관계가 있습니까?

집에 대한 약속의 성취와 기다림

3:1–6

3:1–6 그러므로 함께 하늘의 부르심을 받은 거룩한 형제들아 우리가 믿는 도리의 사도이시며 대제사장이신 예수를 깊이 생각하라 그는 자기를 세우신 이에게 신실하시기를 모세가 하나님의 온 집에서 한 것과 같이 하셨으니 그는 모세보다 더욱 영광을 받을 만한 것이 마치 집 지은 자가 그 집보다 더욱 존귀함 같으니라 집마다 지은 이가 있으니 만물을 지으신 이는 하나님이시라 또한 모세는 장래에 말할 것을 증언하기 위하여 하나님의 온 집에서 종으로서 신실하였고 그리스도는 하나님의 집을 맡은 아들로서 그와 같이 하셨으니 우리가 소망의 확신과 자랑을 끝까지 굳게 잡고 있으면 우리는 그의 집이라

1. 불변의 공식: 말씀하시는 하나님, 순종하는 이스라엘

하나님의 백성은 믿음과 순종으로 삽니다. 이것은 과거나 현재나 변함이 없는 항구적인 원리입니다. 하나님은 말씀하시는 하나님이시

고, 또 그 말씀을 이루시는 신실하신 분입니다. 그러므로 그 백성은 하나님의 말씀을 듣고 순종해야 하며, 그렇게 할 때 하나님께서 계획하신 일이 이루어질 수 있습니다. 하나님은 자기 백성을 애굽의 종 되었던 땅에서 인도하여 약속의 땅 가나안으로 이끄시려 하십니다. 이 과정에서 그의 뜻을 전달할 신실한 말씀의 지도자를 세우셨습니다. 다름 아닌 모세입니다. 그는 하나님의 집에서 신실한 말씀의 종으로 섬겼습니다.

과거의 이 일이 종말 시대를 맞이한 신약 성도들에게도 동일하게 적용됩니다. 신약 시대의 하나님 백성 역시 본질적 차원의 가나안, 곧 천상 가나안의 약속을 하나님께로부터 부여받았습니다. 이 약속의 말씀을 붙잡고 믿음과 순종으로 살아가야 합니다. 그렇게 하지 않으면 과거 출애굽 선조들이 광야에서 실패하고 가나안에 들어가지 못하였던 것처럼 불행한 전철을 되풀이할 수도 있습니다. 그러나 감사하게도 신약 성도들은 선조들보다 훨씬 더 좋은 조건을 가지고 있습니다. 곧 우리를 인도하는 말씀의 인도자가 모세보다 매우 월등하신 분이라는 사실입니다. 과거에는 인간 모세가 하나님 말씀의 중개자 역할을 하였지만, 지금은 하나님의 아들이 친히 말씀의 인도자가 되십니다.

모세와 예수님에게는 공통점이 있습니다. 하나님께서 인정하신 신실(충성)한 분들이라는 사실입니다. 두 분은 하나님의 말씀으로 하나님의 집 이스라엘을 신실하게 섬기셨습니다. 또한 결정적인 차이점도 있습니다. 모세는 건축에 비하자면 집 자체에 지나지 않으며, 집의 구성원에 비하자면 종일 뿐입니다. 그러나 예수님은 집 지은 자이시며 또한 종들을 다스리는 하나님의 아들이십니다. 모세의 인도를 받는 것도 남다른 특권인데, 모세를 지으신 하나님의 아들이 친히 하나님의 말씀으로 그 백성을 인도하신다면 그 특권이 얼마나 더 탁월하겠습니까! 우리가 믿음으로 그 말씀을 듣고 따르기만 하면 약속의 땅 가나안에 들어가는 일에 결코 실패할 수 없습니다.

히브리서 설교자는 이 사실을 어떤 방식으로 확신시켜 주고 있을까요? 그가 사용하는 선포 + 권면이라는 전형적인 틀이 여기에도 그대로 적용됩니다. 3:1-4:14은 크게 하나의 단위를 구성합니다. 흥미롭게도 3:1과 4:14은 대제사장으로 시작하여 대제사장으로 결론을 맺습니다. 이처럼 시작과 끝에 동일한 단어나 문구를 배치하여 전체를 한 단위로 묶는 수미쌍관법(inclusio)이 여기에서 사용됩니다. 이 전체 구조 속에서, 3:1-6은 그리스도가 어떤 분이신지를 밝히는 선포 부분입니다. 이어서 3:7-4:11은 구체적인 권면을 담고 있습니다. 마지막으로 4:12-13은 이 모든 것을 통괄하는 '말씀'의 원리를 언급함으로써 이 부분의 전체를 종결지으며, 4:14은 다음 주제로의 전환을 준비합니다.

먼저 3:1-6에서 설교자가 어떤 관점에서 모세와 예수님을 비교하는지, 또 왜 그렇게 하는지 살펴보겠습니다.

2. 하나님께서도 인정하신 신실한 모세

다른 곳에서와 달리 이 부분에서 히브리서 설교자는 구약 본문을 드러나게 인용하지는 않습니다. 얼핏 보면 구약과 상관없이 그리스도에 대해 말하는 것 같지만, 사실은 그렇지 않습니다. 비록 다른 곳에서처럼 명시적으로 구약을 인용하지는 않지만, 그러나 구약을 떠나서는 그가 말하는 것을 이해할 수 없습니다. 그가 구약을 염두에 두면서 이야기를 전개해 간 증거는 "모세가 하나님의 온 집에서 [신실]한 것과 같이 하셨으니"(3:2)라는 표현 속에 잘 드러납니다. 관련 구약 본문은 민수기 12:7입니다. 하나님께서 모세를 가리켜 "그는 내 온 집에 충성(신실)함이라"라고 인정해 주신 바로 그 말씀입니다.

민 12:7, 개역개정 그[모세]는 내 온 집에 충성함이라

민 12:7, 칠십인역 모세는 나의 온 집에서 신실하다(피스토스)

히 3:2 모세가 하나님의 온 집에서 한(=신실한, 피스토스) 것과 같이

이 말씀의 배경은 우리가 잘 아는 것처럼, 모세가 구스 여자를 아내로 취하자 아론과 미리암이 이를 비방하고 나선 데서 시작됩니다. 왜 그토록 격렬하게 비방하였을까요? 모세의 결혼이 그렇게도 책망받을 만한 일이었을까요? 그렇다면 어떤 점이 책망의 이유였을까요? 이방 여인을 취했기 때문일까요? 아니면 본처 십보라를 두고 다른 여인을 취했기 때문일까요? 이 문제와 관련된 정확한 형편을 살피는 데에는 여러 가지 한계가 있습니다.

우선 이 구스 여자의 정체를 정확히 알 수가 없습니다. 성경에서 이 여자에 대한 이야기는 이곳에 단 한 번 등장합니다. 일부 학자들은 구산과 미디안을 일치시키는 하박국 3:7에 의거하여 이 구스(구산) 여자를 미디안 여자인 십보라와 동일 인물로 여깁니다. 그러나 이 시점에서 과거의 결혼 이야기를 꺼내어 문제를 삼는다는 것은 앞뒤가 맞지 않습니다. 십보라와 다른 인물임이 분명합니다. 만약 모세가 다

른 여자를 아내로 취했다 할지라도 당대의 기준에서 보면 그것 자체가 큰 문제는 아니었을 것입니다. 하지만 좀 더 실제 상황에 가까운 이해는, 이 무렵에 십보라는 이미 죽었고 모세가 새롭게 아내를 맞은 것으로 보는 것입니다. 그렇다면 아론과 미리암은 이방 여인을 아내로 취한 것에 대해 비판하는 것일까요? 물론 썩 반길 만한 일은 아닐 것입니다. 그렇다고 불법도 아닙니다. 하나님은 가나안 여인들과의 결혼을 엄격하게 금하셨지만, 모든 타민족 여인들이 결혼의 대상에서 제외되는 것은 아니었습니다.

아론과 미리암이 모세를 대항하였던 실제적인 이유는 다른 데 있었습니다. 이는 그들이 모세에게 던지는 말 속에 잘 드러납니다. "여호와께서 모세와만 말씀하셨느냐 우리와도 말씀하지 아니하셨느냐" (민 12:2). 그들은 모세의 독점적 지도력에 대한 불만을 표출하고 있습니다. 그의 결혼 문제는 하나의 빌미에 지나지 않습니다. 하나님이 우리에게도 말씀을 주셨고, 우리도 말씀의 대리자 역할을 할 수 있는데, 왜 너만 혼자 지도자 노릇을 하려고 하느냐는 것입니다. 이즈음 모세는 걸핏하면 원망하는 이스라엘 백성을 다스리는 짐을 나누고자 일흔 명의 장로를 세웠습니다. 이는 하나님의 명령에 따른 일이었고, 또한 하나님께서는 이들 모두에게 모세에게 주셨던 것과 같은 하나님의 영을 주셔서 친히 이들을 인정하여 주셨습니다. 그런데 아론과 미리암의 입장에서 보면 이 일도 불만의 소지가 있습니다. 하나님의 말씀을 받은 자신들이 있는데 왜 다른 사람들을 세우느냐는 것입니다.

말씀의 지도력을 자신에게만 제한하는 이와 같은 인식은 하나님의 뜻에도 어긋나고, 모세의 자세와도 크게 비교됩니다. 칠십 인의 장로 위에 하나님의 영이 임했습니다. 그런데 그들과 함께 장막에 있지 않고 자신들의 진영에 있었던 엘닷과 메닷에게도 놀랍게도 하나님의 영이 임하였습니다. 그들이 예언하기 시작하자 여호수아는 모세의 지도력이 분산되는 것이 아닌지 걱정스러웠습니다. 그래서 모세에게 이를 금하는 것이 좋겠다고 조언합니다. 그러나 모세는 이들뿐만 아니라 이스라엘 전체가 자신처럼 하나님의 영을 받아 다 선지자가 되었으면 좋겠다고 대답합니다(민 11:29). 모세의 이런 넓은 마음과 달리 아론과 미리암은 자신들만 하나님의 말씀의 대변자로 남고 싶었던 생각이 앞섰던 모양입니다.

"여호와께서 우리와도 말씀하지 아니하셨느냐"라는 아론과 미리암의 주장을 하나님께서 들으셨습니다. 하나님은 이것을 모세와 하나님 자신에 대한 불순종의 도전으로 여기셨습니다. 하나님께서 세 사람을 회막으로 부르십니다. 그리고 아론과 미리암을 엄중히 책망하십니다. "내 말을 들으라 너희 중에 선지자가 있으면 나 여호와가 환상으로 나를 그에게 알리기도 하고 꿈으로 그와 말하기도 하거니와 내 종 모세와는 그렇지 아니하니 그는 내 온 집에 충성함이라 그와는 내가 대면하여 명백히 말하고 은밀한 말로 하지 아니하며 그는 또 여호와의 형상을 보거늘 너희가 어찌하여 내 종 모세 비방하기를 두려워하지 아니하느냐"(민 12:6-8). 미리암과 아론이 "여호와께서 우리와도 말씀하신다"라고 주장하지만, 하나님께서 그들에게 말씀하시는 방식은 모세에게 말씀하시는 것과 그 차원이 다릅니다. 하나님은 모세를 자신과 대면하는 자로 친히 택하셨습니다. 그리고 아론과 미리암 앞에서 모세의 특별함을 인정해 주십니다. "그는 내 온 집에 충성함이라!" 이것이 모세에 대한 하나님의 평가입니다.

3. 신실하신 대제사장 예수 그리스도

히브리서 설교자는 민수기의 전후 내용을 잘 알고 있습니다. 그가 민수기 기록의 흐름을 따라 이야기를 전개해 가기 때문에 우리 또한 그 흐름을 잘 숙지하고 있어야 합니다. 민수기 11장부터 원망하고 불순종하는 이스라엘의 모습이 본격적으로 소개됩니다. 그들은 하나님의 영광과 큰 이적들을 보고서도 하나님을 열 번이나 시험하였습니다(민 14:22). 그들의 불순종이 가장 구체적으로 소개되는 곳이 민수기 13-14장인데, 가데스 바네아에서의 가나안 땅 정탐과 그 이후의 반역의 모습입니다. 그들은 하나님의 약속의 말씀을 따르지 않고 눈에 보이는 것만을 따라 판단하다가 가나안 땅에 들어갈 기회를 잃어버리고 말았습니다.

이 불신과 불순종의 이야기를 바탕으로 훗날 다윗이 시편 95편을 지어 자기 시대의 하나님의 백성을 향해 "오늘날 너희는 너희 조상들처럼 하나님을 시험하지 말라"라고 권면합니다. 이 시편 95편 본문이 히브리서 3:7-11에서 인용됩니다. 이 본문을 바탕으로 한 긴 권면이 4:11까지 이어집니다. 시편 95편 배후에 놓인 더 원천적인 본문 역시 민수기 11-14장입니다. 그리고 이 원망과 불순종의 이야기 한가운데에 바로 민수기 12:7이 놓여 있습니다. 다시 말해서, 하나님께서는 원망하고 불순종하는 이스라엘 백성 한가운데에 신실한 말씀의 종 모세를 세워 놓으신 것입니다.

자, 여기에 가나안을 향하여 나아가는 하나님의 또 다른 백성이 있습니다. 곧 세상의 거친 광야 길을 걸어가고 있는 신약 시대의 성도들입니다. 지치고 넘어지기 쉬운 그들을 말씀으로 이끌어 줄 또 다른 신실한 인도자가 필요합니다. 다름 아닌 예수 그리스도입니다. 광야 생활 동안 모세가 하나님의 온 집에서 신실하였던 것처럼, 신약 백성의 인도자이신 예수 대제사장 역시 신실하신 분이어야만 합니다. 그래야만 흔들리기 쉬운 우리에게 하나님의 말씀을 흔들림 없이 전하실 수 있기 때문입니다.

이 부분에서 질문이 하나 생길 수 있습니다. 모세의 신실함에 대한 성경적 증거는 민수기 12:7에서 분명히 드러나는데, 예수 그리스도의 신실하심에 대한 성경적 증거는 어디에서 찾을 수 있을까요? 히브리서 설교자가 이를 구약의 메시아 본문들을 통해 밝힙니다. 특히 역대상 17:13-14이 매우 중요하게 작용합니다. 설교자는 예수 그리스도의 아들 되심을 입증하기 위해 히브리서 1:5b에서 역대상 17:13을 이미 인용한 바 있습니다. "나는 그에게 아버지가 되고 그는 내게 아들이 되리라." 원래의 맥락 속에서 "그"는 다윗의 아들 솔로몬을 가리킵니다. 그러나 이 본문은 초대 교회 때부터 다윗의 후손 메시아를 가리키는 예언적 본문으로 이해되어 왔습니다. 이 본문이 솔로몬을 넘어 참왕이신 예수 그리스도의 아들 되심을 가리키는 것으로 본다면, 이어지는 역대상 17:14 역시 이 아들과 관련하여 대단히 중요한 의미를 가집니다. 특히 히브리서 설교자에게 익숙한 칠십인역은 이 구절을 "내가 그를 나의 집에 신실하게 할 것이다"라고 번역합니다. 이 약속 역시 역사적 솔로몬을 넘어 다윗의 아들 메시아에게 적용되는데, 그렇다면 예수 그리스도는 이 본문에 의거하여 하나님의 집 위에 신실하신 분으로 세워지고 있는 것입니다.

모세와 예수 그리스도는 이처럼 신실한 제사장이라는 면에서 공통점을 가집니다. 그러나 두 분 사이의 본질적인 차이 또한 주목하시

않을 수 없습니다. 설교자는 두 가지 방식으로 차이점을 대비시킵니다. 하나는 "집"과 "집 지은 자"의 대비입니다. 모세의 지위가 아무리 높아도 "집"을 넘어갈 수 없는 반면, 예수 그리스도는 집이 아닌 "집 지은 자"의 지위를 가지므로 그 영광을 서로 비교할 수 없습니다. 또 하나는 "종"과 "아들"의 대비입니다. 모세는 "장래에 말할 것을 증언하기 위하여" 신실한 종으로 섬겼지만, 예수 그리스도는 그 증언의 지향점이 되시는 "하나님의 집을 맡은 아들"로 섬기셨습니다. 히브리서 설교자는 모세와 예수님의 질적 차이를 강조하기 위해 예수님이 모세처럼 "집 안"에서가 아니라 "집 위"에서 신실하셨다고 말합니다. 우리말 번역에는 잘 나타나지 않지만 원문은 전치사를 정확하게 구분하여 사용합니다. 모세의 경우 "온 집에서"에는 전치사 '엔'(=안)이 사용된 반면, 예수님의 경우 "하나님의 집을 맡은"에서는 전치사 '에피'(=위)가 사용됩니다. 이는 10:21의 "하나님의 집 다스리는"에서도 마찬가지입니다. 예수님은 모세와 달리 하나님의 집 위의 존재이십니다. 예수님은 이처럼 하나님의 아들이라는 지위를 가지시고 우리를 위하여 신실한 대제사장이 되셔서 우리가 영원한 가나안에 들어갈 수 있도록 하나님의 말씀으로 인도하여 주시는 분입니다. 하나님께서 친히 인정해 주신 신실한 종 모세의 인도를 받는 것도 감사한 일인데, 모든 영광에 뛰어난 신실하신 하나님의 아들의 인도를 받는 일은 얼마나 더 감사한 일입니까!

4. 성도는 그리스도의 신실한 집

한 가지 더 고찰할 점이 있습니다. 설교자의 관심은 예수 그리스도가 모세보다 얼마나 더 우월하신 분인지를 이야기하는 데서 그치지 않습니다. 그리스도의 신실하심이라는 주제는 그가 다스리시는 그리스도의 집의 신실함과 직결됩니다. 이를 나타내기 위해 히브리서 설교자가 신약 시대의 하나님의 백성을 가리켜 "우리는 그의 집이라"라는 놀라운 선언을 하고 있습니다. 예수님과 그의 집, 곧 그의 백성은 따로 갈 수 없습니다. 예수님의 신실하심과 그의 집의 신실함 역시 따로 갈 수 없습니다. 이 불가분의 관계를 살펴보려면 역대상 17:14로 다시 돌아가야 합니다. 칠십인역의 표현대로 "내가 그를 나의 집에 신실하게 할 것이다"라는 이 약속의 말씀이 하나님께서 다윗에게 주신 언약의 핵심 내용입니다.

그런데 이 약속의 배경을 더 올라가 보면 사무엘상 2:35의 예언이 놓여 있습니다. 하나님은 불신실함이 이미 드러난 제사장 엘리에게 기존에 주셨던 약속을 거두십니다. "네 집과 네 조상의 집이 내 앞에 영원히 행하리라"(삼상 2:30)라는 약속을 주셨지만, 엘리가 자기 아들들을 하나님보다 더 중히 여김으로 말미암아 더 이상 이 약속에 적합한 자가 아님이 드러났습니다. 하나님은 이제 엘리 대신 다른 제사장을 세우실 것을 예고하십니다. 그러면서 일러 주시는 말씀이 이것입니다. "내가 나를 위하여 충실한 제사장을 일으키리니 그 사람은 내 마음, 내 뜻대로 행할 것이라 내가 그를 위하여 견고한 집을 세우리니"(삼상 2:35). 이 약속은 이중적입니다. 하나는 하나님께서 충실한(신실한) 한 제사장을 세우시겠다는 것이며, 또 하나는 견고한(신실한) 집을 세우시겠다는 것입니다. 이 약속이 역대상 17:14의 다윗 언약을 거쳐 진정한 메시아 왕이신 예수 그리스도에게서 성취되었습니다. 예수 그리스도는 그 집 위의 신실한 인도자가 되셨습니다. 그렇다면 그의 집인 신약 성도들 또한 신실함을 그 본질로 하는 그리스도의 집이 되어야 합니다. 예수 그리스도의 신실함과 그의 집, 곧 교회의 신실함은 따로 떼어 놓을 수 없는 하나의 짝을 이룹니다. 이런 점에서 사무엘상 2:35과 역대상 17:14의 약속은 예수 그리스도와 그의 집인 교회를 통해 온전히 성취되었습니다.

5. 신실한 집 교회의 기다림

구약의 약속들은 예수 그리스도의 오심 속에서 온전히 성취되었습니다. 신실한 모세보다 본질적으로 우월하신 예수 그리스도의 인도를 받아 우리는 진정한 의미의 가나안에 들어갔습니다. 그러나 여기에는 아직 기다림의 요소가 남아 있습니다. 가나안 안식의 완전한 도래가 여전히 우리 앞에 약속으로 주어져 있습니다.

설교자는 이런 상황을 나타내려고 "우리는 그의 집이라"라는 선언 앞에 한 가지 조건을 붙입니다. 곧 "우리가 소망의 확신과 자랑을 끝까지 굳게 잡고 있으면" 그러하다는 것입니다. 여기서 "소망"은 다름 아닌 영원한 안식의 약속을 말합니다. 그리스도께서 우리를 위해 이미 이를 확보해 두셨습니다. "확신"이라는 단어(헬라어 파레시아)는 10:35에서는 "담대함"으로 번역되는데, 우리가 이 담대함을 끝까지 붙들고 나아가면 그 끝에 하나님께서 예비하신 "상"이 있다고 말합니다. 그러므로 "소망의 확신(담대함)과 자랑을 끝까지 굳게 잡으라"라는 것은 우리를 결코 실망시키지 않으시는 하나님의 약속에 근거한 담대함과 자랑을 계속 견지하고 누리면서 살아가라는 요구입니다.

이제 그리스도의 집인 우리는 믿음과 순종으로 살아야 합니다. 모세보다 더 우월하신 하나님의 아들의 인도를 받으면서도 불신과 불순종에 빠진다면 그 책임이 더 클 수밖에 없습니다. 히브리서 설교자는 우리 그리스도인들에게 특권이 담긴 이름 하나를 부여합니다. "함께 하늘의 부르심을 받은 거룩한 형제들아!"(3:1)라는 구절 속에 그 이름이 담겨 있습니다. 이 문구를 좀 더 문자적으로 옮기면, '거룩한 형제들, 하늘의 부르심의 동참자들이여!' 이렇게 부르는 것입니다. 하늘의 부르심의 공동 참여자들! 얼마나 놀라운 이름인지 모릅니다. 우리는 이 가치를 세상 속에서 빛내는 그리스도인들이 되어야 합니다. 이 시대에 '그리스도인들'이라는 말만 나오면 치를 떠는 사람들이 많습니다. 세상에서는 이제 기독교를 '개독'이라 부르고 목사를 '목레기'(목사 쓰레기)라고 부르는 것이 보편화되었습니다. 가슴이 아리는 현실입니다. 신실하신 그리스도의 신실한 집으로서 우리의 가치를 회복하지 않으면 우리는 죽은 자들에 지나지 않습니다. 이것이 사무엘상 2:35과 역대상 17:14에 나타나는, 집에 대한 약속의 성취를 안고 그 종착점을 향하여 나아가는 우리의 기다림의 삶의 과제입니다.

토의를 위한 질문

1. 3장에서는 예수님을 누구와 비교합니까? 그리고 예수님께서 가지신 우월성은 무엇입니까?

2. 모세가 아론과 미리암에게 어떤 내용으로 비방받았습니까? 비방받은 모세를 향하여 하나님께서는 어떤 태도를 보이셨습니까?

3. 모세의 인도를 받은 이스라엘 백성이 불순종하는 것을 볼 때 어떤 마음이 듭니까? 모세보다 우월한 인도자를 가진 우리는 어떤 자세를 가져야 합니까?

4. 오늘 우리에게 그리스도의 집은 무엇을 가리킬까요? 그 집의 특권과 책임은 무엇입니까?

5. 나(공동체)는 가장 신실한 인도자를 따라 신실한 삶을 살고 있습니까? 내(공동체)가 가장 시급하게 순종해야 할 말씀은 무엇입니까?

안식에 대한 약속의 성취와 기다림

3:12–14, 3:18–19

3:12–14 형제들아 너희는 삼가 혹 너희 중에 누가 믿지 아니하는 악
한 마음을 품고 살아 계신 하나님에게서 떨어질까 조심할 것이요
오직 오늘이라 일컫는 동안에 매일 피차 권면하여 너희 중에 누구
든지 죄의 유혹으로 완고하게 되지 않도록 하라 우리가 시작할 때
에 확신한 것을 끝까지 견고히 잡고 있으면 그리스도와 함께 참여
한 자가 되리라

3:18–19 또 하나님이 누구에게 맹세하사 그의 안식에 들어오지 못
하리라 하셨느냐 곧 순종하지 아니하던 자들에게가 아니냐 이로
보건대 그들이 믿지 아니하므로 능히 들어가지 못한 것이라

1. 출애굽 선조들의 실패 이야기

앞에서 살펴보았듯이, 하나님께서는 민수기 12:7에서 모세를 가리

켜 "그는 내 온 집에 충성(신실)함이라"라고 선언하셨습니다. 하나님께서 아론과 미리암 앞에서 모세의 신실함을 인정해 주셨다는 것은 돌려서 말하면 그를 비방하는 아론과 미리암도 모세처럼 신실해야 한다고 요구하신 것입니다. 더 나아가서, "내 집" 곧 하나님의 집으로 불리는 이스라엘 백성 또한 신실해야 함을 요구하시는 말씀입니다. 그러나 안타깝게도 이스라엘 백성은 신실하지 못하였습니다. 그들의 말씀의 인도자인 모세는 신실하였는데, 말씀으로 인도받는 그 백성은 불신과 불순종 가운데 빠져 있었습니다.

인도자의 신실함과 인도받는 백성의 신실함이 함께 가야 합니다. 이 점은 신약 시대 하나님의 백성에게도 역시 적용되어야 합니다. 그리스도의 신실함이 그의 집인 교회의 신실함과 반드시 함께 가야 합니다. 그러하지 못할 때 새 언약 백성인 교회도 옛 출애굽 조상들의 실패를 되풀이할 수도 있습니다. 더군다나 모세보다 더 좋으신 인도자 예수 그리스도를 따르면서도 불신과 불순종으로 말미암아 실패에 빠지고 만다면 그 비참함은 과거와 비교할 수 없이 더 클 수밖에 없습니다.

히브리서 설교자가 그리스도의 신실하심에 대해 이야기하는 이유가 바로 여기에 있습니다. 그의 집인 교회의 신실함을 요구하기 위함입니다. 그리스도 자신이 신실하신 대제사장이 되어 능히 우리를 약속의 땅 가나안으로 이끌어 가시는데, 우리 자신이 신실하지 못하면 그의 인도를 받는 유익을 누릴 수가 없습니다. 이런 불행한 불일치를 히브리서 설교자가 출애굽 시대의 이스라엘 백성의 부정적 전례를 통해 보여 주려고 하는 것입니다. 그러면서 그들과 다른 신약 시대의 우리의 특권을 더 부각하려는 것이 그의 목적입니다.

출애굽 선조들의 불신실한 모습이 민수기 13-14장에서 잘 소개되고 있습니다. 가데스 바네아에서 열두 정탐꾼을 가나안 땅으로 보내던 때의 일입니다. 그들이 돌아와서 가나안 땅에서 보고 들은 것을 백성 앞에서 보고하였습니다. 여호수아와 갈렙을 제외한 열 지파의 대표들은 "우리는 능히 올라가서 그 백성을 치지 못하리라 그들은 우리보다 강하니라"(민 13:31)라고 말하며, 그들 앞에서 자신들의 모습이 메뚜기와 같다고 하였습니다. 이 말을 듣고 백성이 크게 동요하였습니다. 온 밤이 다하도록 통곡하다가 날이 밝자 모세를 배척하며 다른 인도자를 세워 애굽으로 돌아가려고 하였습니다. 이에 여호수아와 갈렙이 일어나 이렇게 말합니다. "여호와께서 우리를 기뻐하시면 우리를 그 땅으로 인도하여 들이시고 그 땅을 우리에게 주시리라 … 다만 여호와를 거역하지는 말라 … 그들은 우리의 먹이라…"(민 14:8-9). 하나님께서 주신 담대한 믿음의 외침이었지만, 회중의 마음은 이미 불신과 공포에 사로잡혀 있었습니다. 그들은 오히려 여호수아와 갈렙을 돌로 쳐 죽이려고 하였습니다. 그 순간 여호와의 영광이 회막에 임하였고, 여호와께서는 모세를 불러 이 거역하는 백성을 전염병으로 쳐서 멸하겠다고 말씀하십니다. 모세는 다시 한 번 하나님의 뜻을 돌이키기 위해 간곡히 탄원합니다. 하나님께서 가나안으로 백성을 이끌어 가실 능력이 없어서 백성을 다 죽였다고 이방 사람들이 악평할 것이 뻔한데, 이런 말이 나와서 되겠느냐고 호소합니다. 모세의 간구를 듣고 하나님께서 뜻을 돌이키기는 하셨지만, 불신하며 원망하던 백성은 광야에서 모두 죽을 것이고 믿음의 사람 여호수아와 갈렙 외에는 아무도 가나안 땅에 들어가지 못하리라고 말씀하십니다.

이처럼 이스라엘 중에 신실하신 하나님의 약속을 믿은 사람들은 극소수였습니다. 백성은 하나님의 말씀을 따르기보다 눈에 보이는 현상에 압도당하고 말았습니다. 아낙 자손의 거인들이 하나님보다 더 크고 무섭게 보였습니다. 하나님을 믿는 우리의 믿음이 약해지면 우리 앞에 놓인 것들이 실제 이상으로 크게 보이는 법입니다. 그러나 믿음의 눈으로 보면 그 불신 거인들은 그저 하나님께서 멸하실 "우리의 먹이"에 지나지 않습니다. 하나님께서는 여호수아와 갈렙처럼 그의 약속을 믿는 신실한 믿음의 사람들을 기뻐하십니다.

2. 시편 95편의 '오늘'

히브리서 설교자가 설교 본문으로 선택한 구약 본문은 민수기 14장이 아니라 오히려 시편 95편입니다. 이 본문(시 95:7-11)을 히브리서 3:7-11에서 인용합니다. "성령이 이르신 바와 같이"(3:7)라고 말하면서 이 본문을 인용하지만, 뒤에 가서는 이 시를 "다윗의 글"(4:7)로 인정합니다. 곧 다윗이 민수기 14장에 기록된, 출애굽 선조들의 불신앙과 실패의 전례를 예로 들면서 자기 시대의 하나님의 백성에게 "너희가 그들처럼 되지 말라"라고 권면했던 내용이 시편 95편입니다.

그런데 다윗의 이 시편 배후에 민수기 14장이 놓여 있음은 다음과 같은 언어적 연관성을 보면 금방 알아볼 수 있습니다.

히브리서 3장	시편 95편	민수기 14장
오늘 너희가 그의 음성을 듣거든(7절)	너희가 오늘 그의 음성을 듣거든(7절)	내 목소리를 청종하지 아니한 그 사람들(22절)
거역하던 것 같이(8절)	너희 마음을 완악하게(8절)	나를 거역하는 이 악한 온 회중(35절)
나를 시험하여 증험하고(9절)	나를 시험하고 조사하였도다(9절)	나를 시험하고(22절)
그들이 항상 마음이 미혹되어(10절)	그들은 마음이 미혹된 백성이라(10절)	열 번이나 나를 시험하고(22절)
그들은 내 안식에 들어오지 못하리라(11절)	그들은 내 안식에 들어오지 못하리라(11절)	땅에 결단코 들어가지 못하리라(30절)

위의 대조에서 보는 것처럼, 시편과 민수기 본문에서 핵심어들이 반복됩니다. 첫 번째, 하나님의 백성은 하나님의 음성을 들어야만 한다는 사실의 강조입니다. 두 번째, 하나님을 시험하고 거역한 부정적인 모습을 요약적으로 보여 줍니다. 세 번째, 그 결과로 하나님께서 내리시는 금단의 말씀, 곧 가나안의 안식에 들어가지 못하리라는 선언이 나타납니다.

그렇다면 히브리서 설교자는 왜 민수기 14장을 직접 사용하지 않고 그것의 해석본인 시편 95편을 사용하는 것일까요? 그리고 왜 시편 95편을 인용하면서 "성령이 이르신 바와 같이"라는 장중한 도입부를 넣었을까요?

이런 질문들을 풀 수 있는 중요한 단어가 하나 있습니다. 바로 "오늘"입니다. "오늘 너희가"(히브리서 원문에서는 "오늘"이 첫자리에 놓여 강조됨)라고 할 때 이 "오늘"은 다윗 시대의 오늘이며 "너희"는 다윗 시대의 하나님 백성을 가리킵니다. 민수기 14장에서 "땅(시 95편과 히 3장에서는 "안식")에 결단코 들어가지 못하리라"라는 선고를 받았던 '그들'은 이미 기회를 잃어버린 사람들이지 않습니까? 그런 그들과 달리 다윗 시대에 "너희"라고 지칭되는 이 무리에게는 아직 기회가 남아 있다는 이야기입니다. 만일 과거에 모든 기회를 잃어서 다 끝나 버렸다면 다시 "오늘"이라고 말할 리가 없습니다. "오늘"이라고 말할 수 있는 이유는 가나안 땅에 들어가서 그곳에 정착한 지 이미 오래 지난 다윗의 시대에도 하나님의 안식 약속이 여전히 유효하기 때문입니다. 이런 사실을 일러 주시는 분이 바로 성령이십니다. 그래서 시편 95편이 성령의 말씀이라고 소개된 것입니다.

성령이 다윗의 입을 통해 선조들과 같은 실수를 되풀이하지 말고 기회를 잘 살리라고 촉구하고 계십니다. 민수기 14장에 나오는 사건이 일어났던 때로부터 오랜 시간이 지난 다윗의 시대에도 안식 약속이 여전히 유효하다는 사실을 보여 주기 위하여 설교자가 의도적으로 민수기가 아닌 시편 95편을 사용하고 있는 것입니다.

시편 95편은 민수기 14장을 비추어 주는 하나의 거울입니다. 그러나 거울에 비친 모습이 실패한 선조들만이 아닙니다. 선조들의 부정적인 모습과 새로운 기회를 부여받은 "오늘"의 '나'의 모습도 함께 보입니다. 그러므로 "오늘"은 결단을 요청하는 언어입니다. 실패한 선조들의 길로 갈 것인지, 아니면 그들과는 다른 길을 걸어서 여전히 유효한 하나님의 약속의 참여자들이 될 것인지 "오늘" 결단해야 합니다. 그러므로 "오늘"은 희망의 언어요 새 출발의 언어입니다.

3. 히브리서 설교자 당대의 '오늘'

다윗의 시대에 "오늘"이 살아 있는 기회였다면 이를 성령의 말씀으로 듣는 히브리서 설교자 당대의 신자들에게도 "오늘"은 여전히 살아 있는 기회입니다. 그래서 설교자가 자신의 청중을 향하여 "형제들아 너희는 삼가 혹 너희 중에 누가 믿지 아니하는 악한 마음을 품고 살아 계신 하나님에게서 떨어질까 조심할 것이요 **오직 오늘이라 일컫는 동안에** 매일 피차 권면하여 너희 중에 누구든지 죄의 유혹으로 완고하게 되지 않도록 하라"(3:12-13)라고 요청하는 것입니다. 여기서 "오늘"이 담고 있는 의미는 우리에게도 아직 기회가 남아 있다는 것인데, 이 기회를 잘 살리려면 출애굽 선조들처럼 수시로 하나님을 시험하는 완악한 자들이 되지 말고, 성도 중 한 사람이라도 "죄의 유혹으로 완고하게 되지 않도록" 서로 돌아보는 것이 필요하다는 것을 강조합니다.

그러면서 선조들의 실패의 이유를 한마디로 "믿지 아니하는 악한 마음" 때문이라고 지적합니다. "악한 마음"이 왜 악한 마음일까요? 그 마음이 믿지 아니함(불신)의 마음이기 때문입니다. 히브리서 설교자는 여기서 불신을 나타내는 단어 '아피스티아'를 사용합니다. 3:12에서 처음 나오고, 19절에서 다시 사용되는 다소 특이한 이 단어는 출애굽 선조들의 실패의 원인을 압축하는 단어로, 단락의 처음과 끝을 장식하는 하나의 수미쌍관(inclusio) 구조를 형성합니다.

3:12 너희 중에 누가 믿지 아니하는(아피스티아) 악한 마음을 품고

> 3:19 이로 보건대 그들이 믿지 아니하므로(아피스티아) 능히 들어 가지 못한 것이라

'아피스티아'와 관련하여, 플라톤의 경우 누군가(또는 무엇인가)에 대해 아피스티아를 가지는 것은 곧 그 상대를 의심한다는 것을 뜻하였습니다. 소포클레스 같은 헬라 문학에서는 믿음의 부족, 또는 불신실의 의미로 통용되었습니다. 히브리서 설교자는 출애굽 선조들의 실패 원인이 다름 아닌 이 불신 또는 불신실이라고 단정하는 것입니다. 이 경우 그들이 하나님을 전혀 믿지 않았던 것은 아니기 때문에 불신(disbelief)보다는 믿음의 부족(unbelief) 또는 불신실(unfaithfulness)의 의미로 이 단어를 이해하는 것이 좋을 것입니다. 이것은 앞에서 그들의 인도자인 모세가 신실한 사람이라고 증언된 것(히 3:2, 민 12:7)과는 반대되는 모습입니다. 모세는 하나님의 집인 백성 가운데서 신실하였지만, 그 백성은 신실하지 못하였습니다. 이런 전례를 바탕으로 히브리서 설교자는 그의 청중이 조상들의 불신실의 전철을 밟지 말아야 한다고 강조합니다.

이 사실을 인상적으로 각인시키기 위해 설교자가 3:16-18에서 시편 95편과 민수기 14장을 다시 한 번 교차시킵니다. 초점은 출애굽 선조들의 실패 원인이 무엇인지를 생각해 보자는 것입니다. 이를 위해 질문과 대답의 교차 방식을 취합니다. 시편 95편의 문구를 사용하여 질문하고, 민수기 14장의 내용을 근거로 대답하는데, 마지막 질문으로 갈수록 강조점이 더욱 분명해집니다.

시편 95편에 근거한 히브리서 질문	민수기 14장에 근거한 히브리서 대답
듣고 격노하시게 하던 자가 누구냐?(시 95:7-8 요약)	모세를 따라 애굽에서 나온 모든 사람(민 14:13, 19, 22에 근거)
하나님이 사십 년 동안 누구에게 노하셨느냐?(시 95:10)	시체가 광야에 엎드러진 범죄한 자들(민 14:10, 29, 32에 근거)
하나님이 누구에게 맹세하사 그의 안식에 들어오지 못하리라 하셨느냐?(시 95:11)	순종하지 아니하던 자들(민 14:30, 33, 43에 근거)

마지막 대답에 나오는, 이 "순종하지 아니하던 자들"이 곧 불신(아피스티아)의 사람들입니다. 모든 문제가 여기로 귀결됩니다. 이와 같은 문답 방식의 접근은 매우 큰 효과를 볼 수 있습니다. 가장 두드러진 효과는 구별과 결단의 촉구입니다. 성경(시 95편)에 근거하여 묻고 성경(민 14장)에 근거하여 답하는 과정을 통해 청중이 '아, 나는 그와 같은 불신의 사람이 되어서는 안 되겠구나!' 하는 생각을 가지지 않을 수 없게 만드는 것입니다. 실패한 출애굽 선조들과 나 자신을 자연스럽게 구별하게 해 주는 것입니다. 그리고 불신과 불순종이 아닌 믿음과 순종의 삶을 통해 하나님께서 예비하신 안식에 들어가야겠다고 결단하게 합니다. 이것이 히브리서 설교자의 청중(오늘날 우리도 포함해서)이 가져야 하는 자세입니다.

그래서 이어지는 단락인 4:3에서 "이미 믿는 우리들은 저 안식에 들어가는도다"라고 말하는 것입니다. 이는 불신의 사람들인 "그들은 안식에 들어가지 못하였다"라는 사실과 대조를 이룹니다. 실패한 그들과 달리 "우리들은" 저 안식에 들어갑니다. 그런데 이 "우리들"은 다름 아닌 "믿는"(과거 시제의 동사를 사용하고 있으므로, 더 엄밀하게는 "믿은") 사람들입니다. 곧 출애굽 선조들의 불신과 대비되는 믿음의 사람들은 예비하신 가나안 안식에 들어갑니다. 이 일은 우리의 신실하신 인도자 되시는 예수 그리스도를 전적으로 믿고 따름으로 말미암아 이루어졌습니다.

그래서 히브리서 설교자가 "우리가 시작할 때에 확신한 것을 끝까지 견고히 잡고 있으면 그리스도와 함께 참여한 자가 되리라"(3:14)라고 선언합니다. "시작할 때에 확신한 것"이라는 표현은 다소 애매합니다. "확신한 것"은 '휘포스타시스'의 번역인데, 이 단어가 1:3에서는 예수 그리스도가 하나님의 "본체"의 형상이라고 표현할 때 사용되었습니다. 보통 '본질' 또는 '본체'를 뜻하는데, 여기서는 '본질적 확신'의 의미입니다. 따라서 문자적으로는 '본질적 확신의 시초'를 견고히 잡으라는 뜻으로, 이는 처음 믿고 세례받을 때에 고백했던 것을 끝까지 잘 지켜 가라는 의미로 이해할 수 있습니다.

그렇게 할 때 그리스도인들은 "그리스도와 함께 참여한 자"가 됩니다. 문자적으로 '그리스도 동참자들'이라는 이 표현은 3:1에서 성도를 가리켜 "하늘의 부르심의 동참자들"(사역)이라고 부르는 것과 같은 단어(메토코이)를 사용합니다. '그리스도 동참자들'은 그리스도와 모든 것을 함께 나누는 사람들을 가리킵니다. 이는 3:6에 나오는 '그리스도의 집'이라는 이름과 함께 신약 성도의 가장 영광스러운 이름이 아닐 수 없습니다. 그러나 우리가 이렇게 영광스러운 이름을 누리기 위해서는 한 가지 책임을 감당해야 합니다. 그리스도께서 신실하신 분임을 믿는 만큼 그의 집인 그리스도인들 역시 동일하게 신실한 사람들이 되어야 한다는 것입니다. 이것이 하나님의 영원한 가나안 안식에 들어가는 신자들에게 요구되는 필수적 자질입니다.

4. 안식 약속의 성취 안에서의 기다림

가나안 안식의 약속은 이미 끝나 버린 과거의 일이 아닙니다. 여호수아를 통해 이루어진 가나안 입성의 사실은 그보다 더 본질적인 사실, 곧 또 다른 여호수아(예수) 그리스도를 통해 믿는 자들에게 주시는 영원한 가나안 안식의 약속을 비추어 주는 하나의 예표입니다. 그러므로 가나안 안식의 약속은 역사적, 지리적 차원에서가 아니라 가장 본질적, 천상적 차원에서 예수 그리스도를 통해 성취되었습니다.

이 약속이 여호수아의 가나안 입성으로 끝나 버린 것이 아님을 시편 95편이 증언합니다. 모세와 여호수아의 시대보다 먼 훗날인, 이미 가나안 땅에 들어가서 정착한 지 오래된 다윗의 시대에도 "오늘"이라는 열린 기회가 있었음을 살펴보았는데, 이 기회가 이 시대의 우리의 것이 되도록 확보해 주신 분이 예수 그리스도이십니다. 그런 점에서 예수 그리스도는 시편 95편의 약속의 성취자이십니다. 우리의 여호수아 되시는 예수 그리스도를 통해 우리는 안식 약속에 참여하는 자들이 되었습니다.

그러나 이 약속의 완전한 실현은 아직 미래에 놓여 있습니다. 그러므로 우리에게는 여전히 기다림이 요구됩니다. 이 기다림의 삶 속에서 우리는 신실한 인도자 되시는 그리스도의 신실하심에 동참해야 합니다. 그리스도의 집인 우리 또한 신실함을 지켜 가는 사람들이 되지 않으면 안 됩니다. 그렇게 하지 않을 때 민수기 14장에 소개된, 불신실했던 사람들처럼 가나안 안식의 복음을 듣고도 그 기회를 잃어버린 옛 선조의 불행한 전철을 되풀이할 수도 있습니다.

오늘 한국 교회의 일각에서는, 예수 그리스도에게 참여함이 성도의 신실함을 증진하는 방향으로 작용하지 못하고, 오히려 '나는 이미 구원받았다'는 확신이 방종의 삶으로 이어지고 마는 병적인 현상이 심심치 않게 일어납니다. 성경은 분명 그것을 가르치지 않는데 이런 현상들이 일어난다는 것은 한국 교회의 성경 이해에 심각한 문제가 있음을 방증합니다. 기다림의 긴장을 잃어버린 데서 오는 오류입니다. 원리는 간단합니다. 우리의 인도자 그리스도께서 신실하신 것처럼, 우리 또한 끝까지 신실함을 지켜 가야 합니다. 하나님의 방식보다 세상과 인간의 방식이 지배하는 이 땅의 교회의 현실, 가장 우려할 일이 아닐 수 없습니다. 말은 하나님의 집, 그리스도의 집이라고 하면서 실제적으로는 인간들의 집, 세상 집단의 한 아류를 만들어 놓은 한국 교회의 패역을 속히 타파하고 우리의 본질을 회복해야 할 때입니다. 성령님! 그리스도 동참자들로서의 영광이 우리 속에 속히 회복되게 하소서!

토의를 위한 질문

1. 히브리서 저자는 믿음과 순종의 고취를 위해 어떤 구약 사건을 예시로 들고 있습니까? 이 사건을 떠올릴 때 어떤 생각이 듭니까?

2. 저자가 민수기 14장이 아닌 시편 95편을 인용하는 이유는 무엇입니까? 이를 통해 부각하려는 강조점이 오늘 나에게 어떤 의미로 다가옵니까?

3. 히브리서의 첫 수신자 교회(공동체)가 처한 위기는 무엇입니까? 그럼에도 불구하고 이스라엘 백성보다 교회가 가진 더 큰 유익은 무엇입니까?

4. 안식에 대한 약속의 성취와 기다림을 동시에 가진 한국 교회는 현재 어떤 어려움을 겪고 있습니까?

5. 나(공동체)는 안식 약속의 완성이 오기까지, 불순종한 이스라엘의 전철을 밟지 않기 위해 어떻게 살아가야 합니까?

안식 축제에 대한 약속과 기다림

4:1-2, 4:9-11

4:1-2 그러므로 우리는 두려워할지니 그의 안식에 들어갈 약속이 남아 있을지라도 너희 중에는 혹 이르지 못할 자가 있을까 함이라 그들과 같이 우리도 복음 전함을 받은 자이나 들은 바 그 말씀이 그들에게 유익하지 못한 것은 듣는 자가 믿음과 결부시키지 아니함이라

4:9-11 그런즉 안식할 때가 하나님의 백성에게 남아 있도다 이미 그의 안식에 들어간 자는 하나님이 자기의 일을 쉬심과 같이 그도 자기의 일을 쉬느니라 그러므로 우리가 저 안식에 들어가기를 힘쓸지니 이는 누구든지 저 순종하지 아니하는 본에 빠지지 않게 하려 함이라

1. 실패를 되풀이하지 말라

출애굽 선조들은 불신함으로써 매우 큰 대가를 치렀습니다. 그들

은 가나안 안식에 들어갈 기회를 놓치고 말았습니다. 이는 약속의 말씀을 듣지 못하여서가 아닙니다. 듣고도 믿음으로 행하지 못한 것이 문제입니다. 이 사실을 강조하고자 설교자가 "그들과 같이 우리도 복음 전함을 받은 자"(4:2)라고 말합니다. '우리와 같이 그들도 복음 전함을 받은 자들'이라고 표현하지 않음에 주목할 필요가 있습니다. "그들" 곧 출애굽 선조들이 복음 전함을 받았다는 사실이 더 기준점이 되고 있습니다. 복음은 신약 성도들만 받은 것이 아닙니다. 구약의 성도들도 복음을 받았습니다. 그들이 들은 복음과 오늘 우리가 듣는 복음은 연속성을 가집니다. 그 복음의 공통점이 안식입니다. 물론 구약 성도들에게 안식은 일차적으로 가나안 땅이라는 장소에 들어가는 것을 가리킵니다. 하지만 그 땅이 주는 안식은 궁극적으로 하나님께서 우리 모든 인간에게 주시고자 했던 안식의 한 구체적 유형에 지나지 않습니다. 하나님은 창조 때부터 안식을 계획하셨습니다.

구약 성도들이 안식의 복음을 들은 것과 마찬가지로 신약 성도들인 우리 역시 안식의 복음을 들었습니다. 우리의 안식은 지리적인 땅 가나안에 들어가는 것이 아니라, 그것이 표상하는 영원한 하늘 안식에 들어가는 것입니다. 이 궁극적 안식으로 우리를 인도하시는 분이 우리의 여호수아이신 예수 그리스도입니다. 과거에 여호수아가 출애굽 2세대들을 가나안 땅으로 인도하여 들어간 것은 종말 시대의 여호수아이신 그리스도께서 주시는 안식의 모형 역할을 합니다. 그들이 얻은 안식과 우리가 누리는 안식 사이에는 구체적 형태의 차이가 있습니다. 그들에게는 가나안 땅이라는 실제적 측면이 더 부각되었고, 우리에게는 하늘의 가나안이라는 영적 측면이 더 부각되지만, 그러나 이 모두가 하나님께서 자기 백성에게 주시고자 계획하신 안식을 그 원점으로 삼는다는 점에서 공통점이 있습니다. 그런 점에서 그들이나 우리는 모두 안식의 복음을 들은 사람들입니다.

불행하게도, 안식의 복음을 들음이 출애굽 선조들인 "그들"에게 유익으로 직결되지는 않았습니다. 안식의 복음을 듣고도 안식에 들어가지 못한 비참한 실패자들이 되고 말았습니다. 그 이유가 어디에 있습니까? "들은 바 그 말씀이 그들에게 유익하지 못한 것은 듣는 자가 믿음과 결부시키지 아니함이라." 이것이 그 이유입니다. 이 구절은 사본들마다 차이가 워낙 커서 생각보다 해석이 어렵습니다. 여러 가지 다른 번역들이 일어날 수 있습니다. 현재 우리가 가진 헬라어 본문을 따라 번역하면 위의 우리말 번역과는 조금 다른 결과가 나옵니다. "들은 바 그 말씀이 그들에게 유익하지 못한 것은 그들이 믿음으로 들은 자들에게 결부되지 못함이라." 들은 바 말씀에 믿음을 결부시키느냐, 아니면 믿음으로 들은 사람들과 결부되느냐의 차이입니다.

우리는 이 구절이 민수기 14장, 시편 95편과 직결되어 있음을 앞에서 살펴보았습니다. 이런 구약 이야기의 맥락을 고려한다면 우리말 번역보다는 헬라어 본문 형태가 문맥과 더 잘 어울립니다. 민수기 14장의 가데스 사건에 비추어 볼 때 안식의 복음을 "믿음으로 들은 자들"이 있었다는 것을 우리는 금방 상기할 수 있습니다. 바로 여호수아와 갈렙 같은 사람들입니다. 비록 방금 정탐하고 돌아온 땅에 무시무시한 아낙 자손의 거인들이 득실거리고 있지만, 믿음의 눈으로 볼 때 "그들은 우리의 먹이"(민 14:9)에 지나지 않습니다. 만일 출애굽 백성이 여호수아와 갈렙처럼 하나님의 약속을 믿음으로 들은 사람들과 함께 보조를 맞추었다면 그들이 들은 약속의 말씀이 큰 유익을 주어 안식의 약속을 누릴 수 있었을 것입니다. 그러나 정반대로 불신의 사람들과 결부됨으로써 결국 복음을 듣고도 실패한 자들이 되고 말았습니다.

이 일은 "말세를 만난 우리를 깨우치기 위하여 기록"된 하나의 거울이요 "본보기"입니다(고전 10:6, 11). 예수 그리스도께서 오신 이후 종말의 시대를 살고 있는 우리가 출애굽 선조들이 초래한 불행의 결과를 되풀이한다면 얼마나 안타까운 일입니까? 그러므로 우리 가운데는 "이르지 못할 자" 곧 결승점에 도달하지 못하는 자가 한 명이라도 생기지 않도록 두려워하는 마음으로 자신과 서로를 돌아보아야 합니다. 감사하게도, 종말 시대의 우리 그리스도인들은 여호수아보다 더 나은 인도자 예수 그리스도를 모시고 있습니다. 그뿐만 아니라 옛 백성에게는 안식이 가나안 땅이라는 하나의 표상 차원으로 주어졌지만, 오늘 우리에게는 그리스도께서 우리보다 먼저 들어가신 하늘 가나안의 생생한 실체로 그것이 주어졌습니다. 그런 만큼 신약 백성인 우리가 가진 우월한 특권의 지위를 더 잘 누릴 수 있어야 합니다. "들은 바 그 말씀"이 귓전을 울리고 있었어도 믿음으로 들은 자인 여호수아에게 결합되지 못할 때 그것이 옛 백성에게 아무 유익도 주지 못하지 않았습니까? 이제는 여호수아와의 결합보다 더 강한 예수 그리스도와의 결합이 우리에게 있는 만큼 우리는 넉넉히 안식의 약속을 누립니다.

2. 안식 축제의 약속

하나님의 안식 계획은 창세 때부터 그 전모가 밝혀졌습니다. 히브리서 설교자는 이 사실을 강조하려고 창세기 2:2을 사용합니다. "하나님이 그가 하시던 일을 일곱째 날에 마치시니 그가 하시던 모든 일을 그치고 일곱째 날에 안식하시니라." 이 구절을 다 인용하지는 않고, "하나님은 제칠일에 그의 모든 일을 쉬셨다"(4:4)와 같이 간단하게 축약하여 인용합니다. 하나님께서는 자신이 행하신 창조 사역의 마지막에 안식을 두셨습니다. 이것은 모든 역사 과정의 압축판이기도 합니다. 창조된 세계의 모든 역사가 끝나는 곳에 하나님의 안식이 놓여 있습니다. 역사는 하나님의 안식을 향하여 달려갑니다. 하나님은 그 안식을 향하여 자기 백성을 이끌어 가시는 중입니다. 그런데 그 과정에서 탈락의 비운을 맞은 사람들이 생겨났습니다. 시편 95:11에 언급된 것처럼 "그들은 내 안식에 들어오지 못하리라"라는 선언을 받은 출애굽 1세대 선조들입니다. 그러나 그들이 안식에서 배제되었다고 해서 하나님의 계획 자체가 취소된 것은 아닙니다. 하나님은 여전히 그의 안식에 들어갈 믿음의 사람들을 부르고 계십니다. 감사하게도, 종말 시대의 안식 인도자 되신 예수 그리스도를 믿는 우리들은 하나님의 안식에 들어가는 은혜를 얻었습니다.

여기에서 안식의 세 가지 층을 발견할 수 있습니다. 첫 번째, 창조 때에 드러난 하나님의 안식입니다. 이것은 이후의 모든 안식 개념의 원형입니다. 하나님은 이 안식을 지향점으로 삼아 그가 지으신 모든 창조 세계를 운행해 가십니다. 두 번째 층은 출애굽 백성에게 약속하신 가나안 땅의 안식입니다. 그 땅에 들어가는 것을 안식으로 이해하는 것은 민수기 14:30과 시편 95:11의 연결에서 비롯됩니다. 민수기 14:30 "내가 맹세하여 너희에게 살게 하리라 한 땅에 결단코 들어가지 못하리라"의 말씀을 시편 95:11에서 "내가 노하여 맹세하기를 그들은 내 안식에 들어오지 못하리라"라고 바꾸어서 표현하고 있지 않습니까? 약속의 땅 가나안에 들어가는 것이 곧 안식에 들어가는 것과 같다는 이야기입니다. 그런데 가나안 땅에 들어감으로써 얻는 안식은 사실 하나의 그림자요 모형에 지나지 않습니다. 그 실체는 무엇일까요? 안식의 세 번째 층이 바로 그것입니다. 여호수아가 이끌고 들어간 가나안 안식의 실체는 새 여호수아 예수 그리스도를 통해 얻는 영적 안식입니다. 이 안식이야말로 진정하고 영원한 차원의 안식입니다. 이 안식은 창조 때에 하나님께서 의도하셨던 하나님의 안식과 직결됩니다. 그 하나님의 안식에 참여하는 것이 진정한 의미의 가나안인데, 우리는 예수 그리스도와의 믿음의 결합을 통하여 그 영원한 가나안에 들어갑니다.

히브리서 설교자는 구약 본문(시 95:11의 칠십인역)에서 채용한 안식 용어(헬라어 카타파우시스) 대신 4:9에서는 조금 다른 특이한 용어를 사용합니다. "그런즉 안식할 때가 하나님의 백성에게 남아 있도다." 여기서 "안식할 때"는 헬라어 '사바티스모스'의 번역입니다. 이 단어는 안식일을 가리키는 히브리어 '사바트'에서 도출되었습니다. 이 용어가 히브리서 외의 문헌에서 최초로 등장하는 것은 A.D. 120년에 죽은 로마 역사가 플루타르코스(Ploutarchos)의 글에서입니다. 다르게 말하자면, 현재 남아 있는 문헌 가운데 이 용어가 최초로 사용된 문헌이 히브리서라는 뜻입니다. 안식을 가리키는 일반적인 용어 '카타파우시스'에는 쉼이라는 의미가 주도적입니다. 다분히 정적인 개념입니다. 이에 비해 '사바티스모스'는 훨씬 더 동적입니다. 안식 축제라는 의미입니다. 하나님 앞에서 기쁨을 누리고 찬양을 돌리는 이러한 안식 축제가 하나님의 백성인 우리에게 남아 있다는 말씀입니다.

매우 희망적인 선언입니다. 히브리서의 수신인들은 예수를 믿는다는 이유로 환난과 핍박을 당해야만 했습니다(10:32). 이런 현실 속에서 성도들의 삶은 매일이 위태롭고 힘들 수밖에 없었습니다. 그러나 그 현실이 아무리 힘들고 어려워도 우리에게는 하나님께서 마련하신 안식 축제의 즐거움이 예비되어 있습니다. 이 소망을 붙잡고 나아갈 때 오늘의 힘들고 어려운 현실들을 다 이겨 낼 수 있습니다. 눈앞에 보이는 이 세상의 현실보다 하나님께서 마련하신 이 새로운 영적 현실이 우리를 더 강하게 지배하도록 해야 합니다.

이 안식 축제의 소망이 얼마나 확실한지 알려 주기 위해 히브리서 설교자가 4:10에서 이렇게 말합니다. "이미 그의 안식에 들어간 자는 하나님이 자기의 일을 쉬심과 같이 그도 자기의 일을 쉬느니라." 우리말 번역에는 생략되었지만, 이 구절은 이유를 나타내는 접속사(헬라어 가르)로 9절과 연결되어 있습니다. 다시 말해서, 하나님의 백성인 우리에게 사바티스모스(안식 축제)가 남아 있다고 말하는 이유가 어디에 있는가? 그것은 이미 하나님의 안식에 들어간 자가 자기의 일을 쉬었기 때문이다, 이런 방식으로 연결되는 것입니다. 그렇다면 "이미 하나님의 안식에 들어간 자"는 누구를 가리킬까요? 먼저 죽은 일반 성도들일까요? 그러려면 복수 형태로 표현되어야 하는데 실제로는 단수이면서 또한 과거 시제로 되어 있습니다. 그러므로 이를 예수 그리스도와 연결시키는 것이 가장 좋습니다. 그리스도는 그의 사역을 다 마치시고 우리보다 앞서 하나님의 안식에 도달하셨습니다. 그가 마련하신 그 안식의 길을 그의 백성이요 그의 집이며 그의 형제요 자매인 우리가 함께 취하는 것이 합당하지 않겠습니까?

우리가 그리스도와 연합하여 하나님의 안식에 들어간다는 것은 너무나 분명한 사실입니다. 그러나 모든 중간 과정이 다 생략되는 것은 아닙니다. 우리에게는 걸어가야 할 길이 여전히 남아 있습니다. 이 길은 실패할지도 모르는 위태로운 시험의 길이 아니라, 우리가 받은 안식 약속이 세상의 모든 것을 초월한다는 사실을 입증할 수 있는 기회의 길입니다. 비록 세상에서 우리의 소유와 재산을 빼앗길지라도 "더 낫고 영구한 소유"를 우리가 이미 가진 줄 알기에 오히려 기뻐할 수 있는 그런 삶을 살아 내야 합니다(10:34). 그러려면 피해야 할 것이 한 가지 있습니다. 불순종입니다. 히브리서 설교자는 이 불순종의 위험을 경고하고자 4:6과 11절에서 '아페이테이아'(불순종)라는 공통적인 단어를 사용하여 하나의 수미쌍관 구조를 만듭니다.

> 4:6 복음 전함을 먼저 받은 자들은 순종하지 아니함(아페이테이아)으로 말미암아 들어가지 못하였으므로

> 4:11 우리가 저 안식에 들어가기를 힘쓸지니 이는 누구든지 저 순종하지 아니하는(아페이테이아) 본에 빠지지 않게 하려 함이라

'아페이테이아'는 3:12와 19절에 사용된 '아피스티아'(불신 또는 불신실)와 짝을 이룹니다. 말씀의 인도자와의 관계에서 불신실한 것은 그들은 바의 말씀에 불순종하는 것과 직결됩니다. 가데스 바네아에서 출애굽 백성은 그들의 불신실의 결과로 40년 광야 생활에 대한 예고를 듣게 됩니다. 그러자 갑자기 그들의 마음이 돌변하였습니다. 그들은 때아닌 부산을 떨며 가나안 산지로 올라가 그 땅의 사람들을 치겠다고 나섭니다. 모세가 그들을 막습니다. 하나님께서 원하시시노 녕

하시지도 않은 일이기에 그들이 올라가면 아말렉과 가나안인의 칼에 모두 죽을 것이라고 경고합니다. 그러나 백성은 그 명령을 어기고 자기들의 고집을 따라 불순종의 길을 택하였다가 크게 패하고 맙니다(민 14:45). 하나님의 말씀보다 자신의 아집과 야욕을 앞세우게 될 때 불순종의 대가를 치르지 않을 수 없습니다.

우리가 약속의 말씀을 끝까지 붙들고 나아가면 하나님께서 약속해 주신 그것을 반드시 얻습니다. 왜냐하면 하나님은 신실하신 분이기 때문입니다. 신실하신 하나님께 가장 잘 어울리는 백성은 순종의 백성입니다. 그 순종의 살아 있는 본이 바로 예수 그리스도이십니다. 그는 아버지의 뜻을 이루시기 위해 죽기까지 순종하셨습니다(빌 2:8). 그리스도의 집으로 불리는 그리스도인들 역시 순종의 사람들이 되어야 합니다. 그 순종이 마침내 우리를 하나님의 안식 축제에 들어가게 합니다. 그러나 세상의 핍박과 유혹을 견디지 못하여 불순종의 길을 걷는다면 아무리 안식 축제에 대한 약속이 하나님의 백성에게 남아 있다고 하더라도 결코 그 약속에 참여하지 못할 것입니다.

3. 영원한 성령의 살아 있는 말씀

하나님의 백성에게 가장 중요한 것은 하나님의 말씀입니다. 이 말씀에 따라 생명과 사망이 판가름됩니다. 안식에 들어감과 못 들어감의 결과도 하나님의 말씀에 순종하느냐 불순종하느냐에 따라 결판납니다. 이 하나님의 말씀은 영원한 성령의 말씀입니다. 그래서 히브리서 설교자가 안식 약속의 어제와 오늘을 다루려고 시편 95편을 인용하면서 "성령이 이르신 바와 같이"(3:7)라고 하며 말문을 연 것입니다. 그리고 시편 95편을 바탕으로 한 긴 권면을 마무리 지으면서 "하나님의 말씀은"(4:12)이라고 합니다. 우리는 흔히 4:12-13만 따로 떼어서 다루거나 외우기를 좋아합니다. 그러나 이 말씀의 문맥을 잘 고려하지 않으면 안 됩니다. 여기서 언급하는 "하나님의 말씀은" 결코 추상적인 어떤 것이 아닙니다. 그 말씀은 불신하고 불순종했던 사람들의 허물을 적나라하게 드러냈던 심판의 말씀입니다. 나아가서, 그 말씀은 하나님의 안식 약속에 대한 말씀으로, 시대를 초월한 효력을 가집니다. 모세와 여호수아 시대의 백성뿐만 아니라, 가나안 땅에 들어가서 정착한 지 오래된 다윗 시대의 백성에게도 "오늘"의 말씀으로 살아 역사하였으며, 1세기 히브리서 설교자의 청중을 넘어 21세기 이 시대의 청중에게도 "오늘"의 말씀으로 살아 있는 말씀입니다. 우리는 이 말씀 앞에 벌거벗은 모습으로 서서 내가 과연 믿음과 순종의 사람인지, 아니면 불신과 불순종의 사람인지를 명확히 판별하지 않으면 안 됩니다.

하나님의 말씀이 이렇게 우리의 정체를 명명백백하게 밝힙니다. 그 말씀으로 말미암아 만물이 하나님의 눈앞에 "벌거벗은 것 같이"(4:13) 드러난다고 합니다. 이 구절은 좀 더 정밀하게 번역할 필요가 있습니다. 원문은 만물이 "벌거벗은 것들"이 되고, 또 "목 잡힌 것들"이 된다고 말합니다. 우리말 성경에 "드러나느니라"로 밋밋하게 번역된 '트라켈리조'는 과거에 레슬링 경기에서 상대방에게 목이 잡힌 경우를 가리킬 때 사용하던 특수한 단어입니다. 나의 가장 취약한 약점이 노출된 상태를 말합니다. 이런 방식으로, 하나님의 말씀 앞에서 만물은 목 잡힌 상태로 적나라하게 그 취약점이 노출되지 않을 수 없습니다. 그 말씀 앞에 회색 지대는 없습니다. 이것도 저것도 아닌 그런 상태를 숨길 수가 없습니다. 영원한 하나님의 말씀은 우리에게 능히 안식을 주는 구원의 말씀이지만, 동시에 불신과 불순종의 사람들에게는 하나님의 안식으로부터의 분리를 선고하는 예리한 심판의 말씀으로 작용합니다.

4. 안식 축제의 소망을 누리며 기다림

창세 때부터 안식을 계획하고 나타내셨던 하나님의 안식 약속이 이 종말 시대에 예수 그리스도를 통하여 성취되었습니다. 우리를 위하여 안식에 먼저 들어가신 예수 그리스도를 따라 우리는 하나님의 백성에게 예비된 안식에 믿음으로 이미 들어갔습니다. 하지만 이것이 전부가 아닙니다. 우리는 여전히 기다려야 합니다. 그리스도께서 다시 오셔서 완성하실 하나님 나라의 영원한 안식을 위해 우리는 여전히 이 세상 속에서 믿음의 싸움을 계속해야 합니다. 이 싸움의 과정에서 때로 안식이 없는 것 같은 상황을 만나기도 합니다. 현실에서 믿음의 싸움이 결코 쉽지가 않기 때문입니다. 그러나 우리는 믿음의 선진들에게 계속 배워야 합니다. 모세는 "하나님의 백성과 함께 고난 받기를 잠시 죄악의 낙을 누리는 것보다 좋아하고 그리스도를 위하여 받는 수모를 애굽의 모든 보화보다 더 큰 재물로 여겼"습니다(11:25-26). 그는 세상에서 '유사 안식'을 얼마든지 누릴 수 있었지만, 오히려 그것을 버리고 "그리스도를 위하여 받는 수모를" 선택하였습니다. 세상의 '유사 안식' 대신 하나님의 참안식을 바라보았기 때문입니다.

우리의 싸움의 과정도 동일합니다. 우리는 그리스도께서 확보해 주신 안식, 오직 그것을 얻기 위하여 "그리스도를 위하여 받는 수모를" 기꺼이 선택해야 합니다. 이 시대의 많은 그리스도인이 유사 복음, 유사 안식에 빠져 있습니다. 이 세상에서 잘되는 것, 이 세상이 주는 상과 안락을 누리고 사는 것을 하나님의 축복으로 쉽게 둔갑시켜 버립니다. 하나님의 안식이 더 이상 절박한 기다림의 대상이 되지 못합니다. 이 변질된 기독교를 바꾸지 않으면 이 땅의 기독교에는 별로 기대할 것이 없습니다. 자기만족의 종교는 셀 수도 없이 많습니다. 우리를 위하여 하나님께서 친히 마련하신 하나님의 안식을 누리기 위해 세상의 거짓 안식을 버릴 줄 아는 그리스도인만이 이 시대를 새롭게 할 수 있습니다.

토의를 위한 질문

1. 하나님께서 창조 때부터 계획하신 것이 무엇입니까? 출애굽 선조들이 안식에 들어가지 못한 이유는 무엇입니까?

2. 저자가 그리는 "안식 축제"는 어떤 모습입니까? 안식 축제의 세 가지 층은 무엇입니까?

3. 오늘날 우리가 안식 축제에 참여하는 방법은 무엇입니까? 출애굽 선조들과 달리 우리가 가진 우월한 점은 무엇입니까?

4. 저자는 하나님 말씀의 생동감과 강력함을 어떤 모습으로 표현합니까? 나에게 하나님의 말씀은 무엇입니까?

5. 내(공동체)가 안식 축제에 도달하기까지 감수해야 하는 "그리스도의 수모"는 무엇입니까?

대제사장에 대한 약속의 성취와 기다림

5:4-6, 7:11-14

5:4-6 이 존귀는 아무도 스스로 취하지 못하고 오직 아론과 같이 하나님의 부르심을 받은 자라야 할 것이니라 또한 이와 같이 그리스도께서 대제사장 되심도 스스로 영광을 취하심이 아니요 오직 말씀하신 이가 그에게 이르시되 너는 내 아들이니 내가 오늘 너를 낳았다 하셨고 또한 이와 같이 다른 데서 말씀하시되 네가 영원히 멜기세덱의 반차를 따르는 제사장이라 하셨으니

7:11-14 레위 계통의 제사 직분으로 말미암아 온전함을 얻을 수 있었으면 (백성이 그 아래에서 율법을 받았으니) 어찌하여 아론의 반차를 따르지 않고 멜기세덱의 반차를 따르는 다른 한 제사장을 세울 필요가 있느냐 제사 직분이 바꾸어졌은즉 율법도 반드시 바꾸어지리니 이것은 한 사람도 제단 일을 받들지 않는 다른 지파에 속한 자를 가리켜 말한 것이라 우리 주께서는 유다로부터 나신 것이 분명하도다…

1. 대제사장 주제의 연결

4:14은 안식에 대한 주제에서 대제사장에 대한 주제로 그 논점을 다시 전환합니다. 그런 점에서 이 구절은 3:1과 직결됩니다. "우리가 믿는 도리(호몰로기아)의 사도이시며 대제사장이신 예수를 깊이 생각하라"(3:1)라는 구절로 시작된 이 단락은 "우리에게 큰 대제사장이 계시니 승천하신 이 곧 하나님의 아들 예수시라 우리가 믿는 도리(호몰로기아)를 굳게 잡을지어다"(4:14)라는 권면으로 종결됩니다. 앞에서 살펴보았듯이, 이 단락의 핵심은 우리의 대제사장 예수 그리스도께서 신실하신 분인 것처럼 그가 이끄시는 안식에 들어가는 우리 또한 신실한 백성이 되어야 한다는 촉구였습니다.

나아가서, 4:14-16은 대제사장 주제와 관련하여 10:19-23과도 연결됩니다. 이 긴 단락은 예수 그리스도의 대제사장 되심이 어떤 성격을 가지는지를 본격적으로 다룹니다. 대제사장 예수의 탁월하심을 잘 알고 그와 관련하여 이미 받은 "믿는 도리"(호몰로기아)를 끝까지 견지하며 살아가야 함을 강조합니다. 그뿐만 아니라 이 대제사장이 우리를 위하여 이루어 주신 특권, 곧 하나님의 보좌 앞에 담대히 나아갈 수 있게 하신 은혜를 우리가 마음껏 누리기를 요청합니다.

히브리서 설교자는 먼저 이 대제사장의 신분을 소개하는 일부터 시작합니다. 그가 "승천하신 이 곧 하나님의 아들 예수시라"라고 합니다(4:14). 그가 하나님의 아들이라는 사실은 히브리서 1:1-5에서 이미 밝힌 바 있습니다. 본질상 하나님의 아들이신 분이 직무상 우리를 도우시는 대제사장이 되신다는 사실은 우리에게 이보다 더 좋을 수 없는 조건입니다. 그는 인간 제사장들과 달리 죄가 없으신 하나님의 아들이기 때문에 우리를 위한 대속의 희생을 드리실 수 있는 유일하신 분입니다. 그리고 "우리의 연약함을 동정하지 못하실 이가 아니요 모든 일에 우리와 똑같이 시험을 받으신 이"(4:15)로서, 하나님 앞에서 우리의 처지를 가장 잘 대변해 주실 수 있는 완벽한 대제사장이십니다.

아울러서 히브리서 설교자는 예수 대제사장을 "승천하신 이"로 소개합니다. "승천하신 이"는 문자적으로 옮기면 '하늘들을 통과하신 이'인데, 이는 그가 하늘에 이미 들어가 계신다(헬라어 동사 '디에르코마이'의 완료 시제 사용)는 사실을 강조합니다. 달리 말하면, 땅 위에서의 그의 사역이 다 종결되었음을 이야기하며, 이를 바탕으로 하나님 앞에서의 영원한 대제사장 직무를 현재 수행 중이심을 나타냅니다. 설교자는 하나님의 아들이신 예수 그리스도를 소개하는 자리에서 처음부터 이 사실을 잘 밝힌 바 있습니다. "죄를 정결하게 하는 일을 하시고 높은 곳에 계신 지극히 크신 이의 우편에 앉으셨느니라"(1:3). 또한 이 문구의 배후에 시편 110:1이 있음을 기억할 필요가 있습니다. 이 시편 구절 역시 히브리서 1:13에서 이미 인용한 바 있습니다. "어느 때에 천사 중 누구에게 내가 네 원수로 네 발등상이 되게 하기까지 너는 내 우편에 앉아 있으라 하셨느냐." 하늘에 들어가신 그분이 하나님의 보좌 우편에 앉아 계신 분입니다.

그렇다면 설교자가 예수 그리스도를 소개하는 이 세 가지 핵심 호칭들 모두 구약 본문과 관련이 있음을 알 수 있습니다. 아들이심과 대제사장이심에 대해서는 5:5-6에서 명시적으로 구약의 두 본문을 인용합니다. 그리고 "승천하신 이"라는 진술의 배후에는 시편 110:1이 암시적으로 작용합니다. 정리해 보면 아래와 같습니다.

히 4:14 우리에게 큰 대제사장이 계시니 승천하신 이 곧 하나님의 아들 예수시라

① "대제사장" 주제

시 110:4 너는 멜기세덱의 서열을 따라 영원한 제사장이라

히 5:6 네가 영원히 멜기세덱의 반차를 따르는 제사장이라

② "승천하신 이" 주제

시 110:1 내가 네 원수들로 네 발판이 되게 하기까지 너는 내 오른쪽에 앉아 있으라

히 1:13, 8:1 내가 네 원수로 네 발등상이 되게 하기까지 너는 내 우편에 앉아 있으라

③ "하나님의 아들" 주제

시 2:7 너는 내 아들이라 오늘 내가 너를 낳았도다

히 5:5, 1:5 너는 내 아들이니 내가 오늘 너를 낳았다

이를 볼 때 히브리서 설교자가 구약 본문을 철저하게 해석하는 해석자요 설교자인 것을 다시 한 번 확인할 수 있습니다. 그는 하나님께서 이미 일러 주신 말씀을 근거로 그것이 예수 그리스도에게 어떻게 성취되었는지 밝히고, 이를 바탕으로 성도들이 누려야 할 은혜가 무엇인지 적용해 나갑니다.

특히 시편 110:1은 우리 주님께서도 자신과 관련하여 친히 인용하고 사용하신 적이 있는 본문입니다. 예수님께서 예루살렘에 올라가

성전에서 가르치실 때 "어찌하여 서기관들이 그리스도를 다윗의 자손이라 하느냐"라는 질문을 사람들에게 던지십니다(막 12:35). 그러면서 "다윗이 성령에 감동되어" 한 말로 시편 110:1을 소개하십니다. 특히 "주께서 내 주께 이르시되"라는 도입부에 주목하십니다. 다윗이 두 분의 주를 지칭하고 있지 않느냐는 것입니다. 앞의 "주"는 하나님을 가리키고 뒤의 주 곧 "내 주"는 메시아 그리스도를 가리키는데, 그렇다면 다윗이 그리스도를 "내 주"라고 부른 셈이 되지 않느냐는 것입니다. 서기관들이 가르치는 것처럼 그리스도가 다윗의 후손인 것은 분명한 사실이지만, 이것은 진리의 한 부분일 뿐입니다. 더 근원적으로, 그리스도는 다윗이 "내 주"라고 불렀던 다윗의 주가 되시는 분입니다. 예수님은 이와 같은 방식으로 자신이 시편 110:1의 지지를 받는 메시아 그리스도이심을 밝히셨습니다.

히브리서 설교자는 우리 주님과는 조금 다른 각도에서 시편 110편을 사용합니다. 그의 관심은 예수 그리스도의 대제사장 되심입니다. 그래서 그가 주목하는 본문은 시편 110:4입니다. 이 본문이 예수님께 돌려지는 순간, 예수님은 멜기세덱의 반차를 따르는 영원한 대제사장으로, 하나님에 의해 세움을 받게 되신 것입니다. 이와 더불어 시편 110:1의 중요성이 부각됩니다. 곧 그의 대제사장 직무 수행의 자리가 다름 아닌 하나님의 보좌 우편이라는 사실입니다. 예수님은 우리가 나아가도록 부름을 받는 하늘 성소 바로 그 자리에서 우리를 위한 대제사장의 직무를 현재적으로 수행 중이십니다. 그러므로 우리는 더 이상 땅 위에 있는 제사장들이나 모형에 지나지 않는 성전 성소에 의존할 필요가 없습니다. 하나님의 무한하신 긍휼과 은혜를 받아 누리기 위해 "은혜의 보좌 앞에 담대히" 곧바로 나아가면 됩니다(4:16). 이는 직행 코스입니다. 우회의 길이 필요 없습니다. 하나님께서 친히 세우신, 우리의 영원하고 유일하신 대제사장 예수 그리스도를 힘입기만 하면 됩니다.

2. 대제사장 아론과 대제사장 예수의 비교

대제사장이 되는 데 있어서 일차적으로 중요한 조건은 하나님의 임명입니다. 하나님께서 세우지 않으신 사람, 그래서 하나님께서 받지 않으시는 사람이 스스로 제사장이 될 수는 없습니다. 그 대표적인 예가 민수기 16장에 나오는 고라의 경우입니다. 고라는 다단과 아비람과 함께 모세와 아론에게 반기를 들며 스스로 제사장의 직분을 구하였습니다(민 16:10). 그가 내세웠던 논리는, 하나님이 우리 가운데 계시니 우리 각각이 다 거룩한 제사장이 아니냐는 것입니다. 모세는 이런 주장이 "분수에 지나치다"라고 지적합니다. 그러면서 "여호와께서 자기에게 속한 자가 누구인지, 거룩한 자가 누구인지 보이시고 그 사람을 자기에게 가까이 나아오게 하시되 곧 그가 택하신 자를 자기에게 가까이 나아오게 하시리니"(민 16:5)라는 말로, 제사장 직분이 하나님의 세우심과 그의 받으심에 근거한다는 사실을 명확하게 밝힙니다. 결국 고라처럼 스스로를 제사장으로 세우는 사람을 하나님께서 받지 않으신다는 표시로 고라와 그를 따라 향로를 들고 분향하는 자칭 제사장 이백오십 명을 "여호와께로부터 불이 나와서" 다 불살라 버리고 맙니다(민 16:35). 이 사건을 통해 하나님께서는 제사장의 직분이 철저하게 하나님 자신의 임명에 따라 되는 직분임을 명확히 보여 주셨습니다.

하나님은 아론을 대제사장으로 세우실 때에도 그 과정과 절차를 세세하게 지시하셨습니다. "너는 이스라엘 자손 중 네 형 아론과 그의 아들들 … 을 네게로 나아오게 하여 나를 섬기는 제사장 직분을 행하게 하되 네 형 아론을 위하여 거룩한 옷을 지어 영화롭고 아름답게 할지니 … 아론의 옷을 지어 그를 거룩하게 하여 내게 제사장 직분을 행하게 하라"(출 28:1-3). 유사한 지시들을 출애굽기 29:4-9, 레위기 8:1-9, 민수기 3:10 등에서 찾아볼 수 있습니다. 히브리서 설교자가 강조하는 것처럼 제사장 직분이라는 "이 존귀는 아무도 스스로 취하지 못하고 오직 아론과 같이 하나님의 부르심을 받은 자라야 할 것"(5:4)입니다.

훗날 유다 왕 웃시야가 처음 가졌던 좋은 자세를 버리고 그 마음이 교만에 빠져 스스로 향단에 분향하며 제사장처럼 행동하려 하다가 하나님의 치심을 받아 나병환자로 그 인생을 불행하게 마감했던 일이 있었습니다. 웃시야 당대의 제사장 아사랴는 죽음을 무릅쓰고 왕에게 직언을 하며 제사장 직분과 관련된 하나님의 원리를 분명하게 밝힌 바 있습니다. "웃시야여 여호와께 분향하는 일은 왕이 할 바가 아니요 오직 분향하기 위하여 구별함을 받은 아론의 자손 제사장들이 할 바니 성소에서 나가소서"(대하 26:18).

물론 이후 역사의 과정 속에서 제사장 직분이 돈으로 사고파는 거래의 대상이 되기도 하였습니다. 그러나 이것은 타락한 종교의 한 파생적인 현상일 뿐이고, 성경이 밝히는 하나님의 원리는 변함이 없습니다. 하나님께서 구별하시고 세우신 사람만이 하나님의 허락을 따라 그의 앞에서 제사장 직무를 수행할 수 있다는 원리입니다.

그렇다면 예수 대제사장의 경우는 어떠합니까? 그 역시 하나님의 구별하심과 세우심을 받아 제사장이 되신 것입니까? 그렇습니다. 예수 대제사장 역시 동일하다는 사실을 강조하기 위해 히브리서 설교자가 "이와 같이"라는 문구를 힘주어 사용합니다. "또한 이와 같이 그리스도께서 대제사장 되심도 스스로 영광을 취하심이 아니요" (5:5). 그렇다면 예수 그리스도를 대제사장으로 세우신 하나님의 임명의 말씀이 무엇입니까? 바로 시편 110:4을 인용한 히브리서 5:6의 "네가 영원히 멜기세덱의 반차를 따르는 제사장이라"라는 구절입니다. 이 구절과 함께 다른 구절 하나가 더 인용됩니다. 시편 2:7에 의거한 히브리서 5:5의 "너는 내 아들이니 내가 오늘 너를 낳았다"라는 구절입니다. 하나님께서는 다른 사람이 아닌 자신의 아들을 우리를 위한 대제사장으로 자기 앞에 친히 세우신 것입니다.

시편 2:7과 시편 110:4 두 본문 모두 메시아와 관련된 예언적 성격을 띤 본문입니다. 예수님은 이 예언들의 성취로 오신 메시아이시므로 이 구절들이 예수 그리스도께 돌려지는 것은 당연합니다. 이처럼 예수님은 시편 110:4의 말씀으로 하나님에 의해 임명을 받아 제사장 직분의 존귀와 영광을 취하신 우리의 영원하신 대제사장이십니다.

3. 멜기세덱의 반차를 따른 대제사장

"이와 같이"(5:5)라는 문구에서 잘 드러나듯이, 아론 대제사장과 예수 대제사장의 임명 절차 속에는 변하지 않는 연속성이 작용하고 있습니다. 하나님 앞에 설 자를 하나님 자신이 택하시고 세우신다는 원리입니다. 이 원리는 불변의 요소입니다. 아론 대제사장이나 예수 대제사장이 모두 이 원리에 따라 대제사장이 되었습니다. 또 다른 공통점이 한 가지 더 있습니다. 히브리서 5:1이 밝히는 것처럼 "대제사장마다 사람 가운데서 택한 자이므로 하나님께 속한 일에 사람을 위하여 예물과 속죄하는 제사를 드리게 하나니"의 원리입니다. 제사장은 "무식하고 미혹된 자를 능히 용납할 수 있"어야 합니다. 아론과 그 자손 제사장들이 그러하였던 것처럼 예수님께서도 사람 가운데서 택함을 받으셨고, 무식하고 연약한 우리를 능히 용납하실 수 있습니다.

예수님은 우리를 위한 제사장 직무를 수행하시기 위해 그 스스로를 위해서는 필요 없는, "받으신 고난으로 순종함을 배워서 온전하게 되셨"습니다(5:8-9). 이는 그에게 무슨 부족이나 결함이 있기 때문에 여느 유한한 인간들처럼 배움을 통해 온전하게 되었다는 이야기가 아닙니다. 하나님의 아들에게 본질적으로 필요하지 않은 고난을 단 하나의 이유, 곧 우리를 위한 제사장 사역을 감당하시려는 이유 때문에 취하심으로 말미암아, 제사장 직무를 위한 자격에 있어서 그가 온전하게 되셨음을 설명합니다.

아론 대제사장과 예수 대제사장 사이에 위와 같은 공통점도 있지만 명백하게 다른 점도 있습니다. 이는 구약과의 불연속적인 측면에 해당합니다. 첫 번째, 하나님께서 죄 없으신 하나님의 아들을 우리를 위한 대제사장으로 세우신 일입니다. 역사상 전례가 없는, 전적으로 새롭고 유일한 사례입니다. 두 번째 불연속적인 측면은 예수 대제사장의 경우 전통적인 제사장 가문인 레위 계통을 따르지 않고 제사장 직무와는 전혀 상관이 없는 다른 지파, 곧 유다 지파에서 대제사장으로 세워지셨다는 것입니다.

이 두 번째 측면을 히브리서 7:11-14이 잘 말해 주고 있습니다. 하나님은 시편 110:4의 말씀에 의거하여 "아론의 반차를 따르지 않고 멜기세덱의 반차를 따르는 다른 한 제사장"을 세우셨습니다. 이렇게 하신 이유는 그가 "레위 계통의 제사 직분"보다 더 좋은 것을 계획하셨기 때문입니다. "레위 계통의 제사 직분으로 말미암아 온전함을 얻을 수 있었으면" 하나님은 기존의 것을 바꾸지 않고 그대로 유지하셨을 것입니다. 그러나 그것은 처음부터 한계를 가진 제도였습니다. 율법이 정한 규례에 따라 드리는 예물과 제사는 "섬기는 자를 그 양심상 온전하게 할 수 없나니 이런 것은 먹고 마시는 것과 여러 가지 씻는 것과 함께 육체의 예법일 뿐이며 개혁할 때까지 맡겨 둔 것"입니다(9:9-10). 하나님은 때가 되면 바꿀 것을 염두에 두고서 옛 제사 제도를 허락하신 것입니다.

이 개혁의 때가 예수 그리스도의 오심과 함께 도래하였습니다. 그래서 히브리서 7:12은 "제사 직분이 바꾸어졌은즉 율법도 반드시 바꾸어지리니"라고 말합니다. 제사 직분이 바뀌었다는 것은 시편 110:4의 말씀을 통해 하나님께서 예수 그리스도를 영원한 대제사장으로 세우셨다는 사실을 지칭합니다. 이것이 하나님께서 하신 일이라면 이에 따라 유관 규정들이 다 함께 바뀔 수밖에 없습니다. 이제 더 이상 레위 계통의 제사장들이 세워질 필요가 없고, 또한 그들이 드리는 제사도 필요 없게 되었다는 것입니다. 우리에게는 멜기세덱의 반차를 따라 영원한 대제사장으로 세워지신 예수 그리스도 한 분이면 충분합니다.

4. 시편 110편의 성취, 그 속에서의 기다림

시편 110편은 원래 이스라엘 왕들의 왕위 등극 예식에서 사용되었던 시입니다. "내가 네 원수로 네 발등상이 되게 하기까지 너는 내 우편에 앉아 있으라"(1:13)라는 말씀은 왕을 향한 여호와의 첫 번째 전언이며, "네가 영원히 멜기세덱의 반차를 따르는 제사장이라"(5:6)라는 선포는 왕을 향한 여호와의 두 번째 말씀입니다. 왕은 이스라엘의 통치자뿐 아니라 하나님 앞에서의 제사장적 직무도 함께 부여받았습니다. 이처럼 이스라엘의 왕이 하나님의 세우심에 의거하여 그 위엄의 자리에 등극할 때 그 백성이 "거룩한 옷을 입고 즐거이 헌신하니 새벽 이슬 같은 주의 청년들이 주께 나오는" 아름다운 모습이 더불어 묘사되고 있습니다(시 110:3).

이 시에서 묘사된 왕은 가장 이상적인 왕입니다. 이스라엘의 인간 왕들에게 이 시를 돌리기에는 역사적으로 한계가 분명히 드러납니다. 이런 영광과 존귀에 온전히 합당한 인간 왕은 아무도 없었습니다. 이 시가 돌려지기에 합당하신 왕은 오직 한 분 메시아 왕밖에는 없습니다. 예수 그리스도는 다윗의 후손이요 동시에 다윗의 뿌리(계 22:16)인 진정한 메시아 왕이십니다. 그러므로 시편 110:1과 110:4의 말씀은 가장 이상적인 왕이신 예수 그리스도께 돌려질 때 그 의미가 온전히 빛을 발합니다. 시편 110편은 이와 같은 방식으로 예수 그리스도 안에서 온전히 성취되었습니다.

그러나 우리에게는 아직 기다림의 차원이 남아 있습니다. 우리는 멜기세덱의 반차를 따라 우리의 영원한 대제사장이 되신 예수 그리스도를 힘입고 하나님의 보좌 앞에 능히 나아갈 수 있는 자격을 얻었습니다. 이 놀라운 일이 이미 우리의 새 현실이 되었습니다. 그런데도 우리는 이 새 현실을 우리의 삶 속에서 온전히 구현해 내지 못합니다. 눈에 보이는 세상의 것들에 여전히 집착하고 있고, 세상에서 잘되는 것을 하나님의 축복이라고 믿는 철저히 현세화된 복음에 사로잡혀 있습니다.

우리는 죄 문제와 상관없이 주님께서 두 번째 나타나실 때(9:28)를 바라보며 기다림으로 살아가야 합니다. 그때에 주님께서는 우리가 지금 부분적으로 누리는 것들을 온전한 차원으로 누리게 하실 것입니다. 그가 예비하신 온전한 구원 속으로 우리를 이끄심은 "자기를 바라는 자들" 곧 기다림의 신앙을 견지하며 이 세상을 사는 자들에게 주시는 가장 복된 선물입니다. 주님의 왕 되심을 온전히 체험하는 그날 우리는 "거룩한 옷을 입고 즐거이 헌신"할 것이요 "새벽 이슬 같은 주의 청년들"이 되어 주님을 영원히 기뻐할 것입니다. 이 일을 지금 이곳에서부터 실현해 가는 것이 그 왕의 백성인 우리의 사명입니다.

토의를 위한 질문

1. 4:14에서는 예수님을 어떤 이름들로 부릅니까? 이 이름들이 구약의 어떤 본문들과 관련이 있습니까?

2. 대제사장의 역할은 무엇입니까? 예수 대제사장이 가지신 우월성은 무엇입니까? 이러한 대제사장을 가진 우리가 누리는 특권은 무엇입니까?

3. 아론 대제사장과 멜기세덱 대제사장의 차이는 무엇입니까? 히브리서 저자는 왜 멜기세덱 대제사장을 강조합니까?

4. 시편 110편이 예수 그리스도 안에서 성취되었지만, 현재 우리는 어떤 어려움 중에서 어떤 미래를 기다리고 있습니까?

5. 예수 대제사장이 나(공동체)에게 어떤 위로와 유익을 줍니까?

제사장 멜기세덱에 대한 약속의 성취와 기다림

6:19–20, 7:1–3

6:19–20, 7:1–3 우리가 이 소망을 가지고 있는 것은 영혼의 닻 같아서 튼튼하고 견고하여 휘장 안에 들어 가나니 그리로 앞서 가신 예수께서 멜기세덱의 반차를 따라 영원히 대제사장이 되어 우리를 위하여 들어 가셨느니라 이 멜기세덱은 살렘 왕이요 지극히 높으신 하나님의 제사장이라 여러 왕을 쳐서 죽이고 돌아오는 아브라함을 만나 복을 빈 자라 아브라함이 모든 것의 십분의 일을 그에게 나누어 주니라 그 이름을 해석하면 먼저는 의의 왕이요 그 다음은 살렘 왕이니 곧 평강의 왕이요 아버지도 없고 어머니도 없고 족보도 없고 시작한 날도 없고 생명의 끝도 없어 하나님의 아들과 닮아서 항상 제사장으로 있느니라

1. 왕이요 제사장인 멜기세덱

히브리서 설교자가 예수님을 멜기세덱의 반차를 따른 대제사장

이라 지칭합니다. "반차"는 정해진 차례 또는 순서를 가리키는데, 예수님의 대제사장 되심이 통상적인 아론의 제사장 계승을 따른 것이 아니라 멜기세덱의 계승을 따른 것임을 나타내는 표현입니다. 그렇다고 멜기세덱의 제사장 직무가 대를 이어 연속되는 고정적인 성격을 띤 것은 아니었습니다. 그러므로 엄격한 의미에서는 무리가 있는 표현입니다. 이를 의식하여 히브리서 설교자는 "멜기세덱의 반차" 대신 "멜기세덱과 같은"이라는 말을 호환하여 사용하기도 합니다(7:15). 다시 말해서, 예수님의 제사장직의 성격과 본질이 멜기세덱과 유사성이 있다는 의미입니다.

성경에서 멜기세덱은 매우 신비로운 인물로 소개됩니다. 그에 대한 언급이 구약에서 단 두 번밖에 나오지 않습니다. 창세기 14:18-20과 시편 110:4입니다. 창세기 14장에는 엘람 왕 그돌라오멜이 이끄는 네 왕국의 연합군이 소돔과 고모라를 포함한 다섯 왕들을 쳐서 이기고 그들을 약탈한 이야기가 나옵니다. 그때 소돔 땅에 살던 아브라함의 조카 롯도 그돌라오멜에게 포로로 잡혀 끌려갔습니다. 아브라함이 이 소식을 듣고 속히 행동을 취합니다. 자기 집에서 기르고 훈련시킨 식솔 병사들 삼백십팔 명을 이끌고 뒤쫓아 가서 야간 습격으로 그돌라오멜 연합군을 쳐부숩니다. 그리고 롯을 포함한 포로들과 빼앗겼던 재물을 되찾아 옵니다. 아브라함이 돌아오자, 싸움에서 겨우 목숨을 건진 소돔 왕과 하나님의 제사장 살렘 왕 멜기세덱이 그를 반기며 맞이합니다.

멜기세덱은 떡과 포도주를 가지고 나와 아브라함을 맞아 주었습니다. 그뿐만 아니라 아브라함을 축복하였습니다. "천지의 주재이시요 지극히 높으신 하나님이여 아브람에게 복을 주옵소서 너의 대적을 네 손에 붙이신 지극히 높으신 하나님을 찬송할지로다"(창 14:19-20). 아브라함은 되찾아 온 재산의 십분의 일을 멜기세덱에게 주었습니다. 창세기 본문은 이 멜기세덱을 "살렘 왕"이라고 소개하면서 그를 "지극히 높으신 하나님의 제사장"이라고 칭합니다(창 14:18). 살렘은 후대의 예루살렘을 가리키지만, 아브라함의 시대에는 말할 것도 없이 이방인의 땅이었습니다. 어떻게 이곳의 왕이 하나님을 알고 하나님을 섬기는 제사장의 일을 할 수 있었을까요? 그가 섬기는 하나님은 아브라함이 섬기는 하나님과는 다른 신이었을까요? 그렇지 않습니다. 그가 말한 "지극히 높으신 하나님"은 아브라함이 소돔 왕에게 말할 때 하나님을 지칭하는 이름 "천지의 주재이시요 지극히 높으신 하나님"(창 14:22)과 전혀 다를 바가 없습니다. 비록 장소는 달랐지만, 하나님을 섬기는 또 다른 사람들이 존재했던 것으로 보입니다. 아마도 노아의 후손들이 곳곳으로 퍼져 갈 때 그중의 한 무리가 이 살렘 땅에 정착하였고, 아브라함과는 별개로 하나님을 알고 섬기고 있었던 것으로 추정해 볼 수 있습니다.

이후의 역사에서 이 멜기세덱은 다시 부각되지 않습니다. 그러다가 시편 110:4에 가서 다시 한 번 그 이름이 나옵니다. 하나님께서 이스라엘의 왕을 세우시는 맥락 속에서 "너는 멜기세덱의 서열을 따라 영원한 제사장이라"라고 선언하십니다. 너무도 갑작스럽게 멜기세덱이 새롭게 부각되었기 때문에, 주후 1세기에 이르기까지 많은 유대인이 이 멜기세덱을 어떻게 보아야 할 것인지를 두고 여러 가지 관점에서 나름대로의 해석들을 제시하였습니다. 구약을 알레고리(풍유)로 해석한 필로(Philo)는 히브리서와 유사하게 멜기세덱의 이름을 '의의 왕'으로, 그리고 살렘 왕을 '평화의 왕'으로 해석합니다. 그리고 멜기세덱이 아브라함에게 포도주를 준 것에 대하여 그로 하여금 신적 충만에 이르도록 인도한 것이라고 해석합니다(*Legum Allegoriae* 3.79 이하).

멜기세덱에 대한 해석으로 유명한 또 다른 유대인 공동체가 있습니다. 사해 근처에서 독립된 공동체를 이루고 메시아의 때를 기다렸던 종말 지향적 공동체인 쿰란 공동체입니다. 그들이 남긴 멜기세덱 관련 문헌(11QMelch)을 보면 특이하게도 멜기세덱을 하늘의 신적 존재로 그립니다. 그들은 이 멜기세덱이 마지막 날에 지상에 임하여서 벨리알로 대표되는 악의 무리를 무찌르고 빛의 아들들, 곧 자신들을 구원해 줄 것으로 생각하였습니다. 멜기세덱을 메시아적, 신적 인물로 이해하는 그들의 해석이 매우 독특합니다.

히브리서 설교자가 1세기에 통용되던 멜기세덱에 대한 해석의 조류들을 알았을 가능성을 배제할 수는 없습니다. 그러나 그것들에 영향을 받았다고 말할 수는 없습니다. 그의 해석은 창세기 14:17-20과 시편 110:4에 철저하게 근거를 둡니다. 그리고 오신(장차 '오실'이 아닌) 메시아이신 예수 그리스도의 빛에 의해 조명됩니다. 멜기세덱을 결코 신비화하거나 공상화하지 않습니다. 히브리서 설교자는 구약의 두 본문이 멜기세덱을 '제사장'으로 칭하는 것에서 더 넘어가지 않습니다. 그러면서 예수님의 대제사장 되심이 이 멜기세덱의 제사장직과 어떻게 연관되는지를 밝힙니다. 이를 통해 그리스도의 제사장직이 레위 제사장직뿐 아니라 멜기세덱의 제사장직을 질적으로 초월한다는 사실을 보여 줍니다.

2. 예수 대제사장의 모형인 멜기세덱

히브리서 설교자의 해석이 어떤 내용인지 구체적으로 살펴봅시다. 먼저 그는 필로와 유사한 방식으로 멜기세덱의 이름을 풀이합니다. "이 멜기세덱은 살렘 왕이요 지극히 높으신 하나님의 제사장이라 … 그 이름을 해석하면 먼저는 의의 왕이요 그 다음은 살렘 왕이니 곧 평강의 왕"(7:1-2)이라고 합니다. 멜기세덱은 왕을 뜻하는 히브리어 '멜렉'과 의를 뜻하는 히브리어 '체덱'의 결합어입니다. 그러므로 그 이름의 뜻이 '의의 왕'이 되는 것입니다. 또한 "살렘"이 샬롬과 같이 평화라는 의미가 있는 단어이므로 살렘 왕은 곧 '평화의 왕'이 됩니다. 여기까지는 창세기 14:18-20의 역사적 사실에 근거한 기본적인 해석의 과정을 따릅니다. 물론 여기에서도 '의의 왕'과 '평강의 왕'이라는 이름 풀이는 필로의 풍유적 관심이 아니라, 예수 그리스도의 왕되심에 대한 메시아적, 종말론적 관심에 이끌리고 있습니다.

히브리서 설교자가 이처럼 역사적 본문의 역사적 사실에서부터 출발하고 있다는 사실은 우리가 멜기세덱을 역사적 인물로 볼 수밖에 없음을 지시합니다. 많은 사람이 멜기세덱을 신적인 인물로 생각하는 경향이 있습니다. 이는 히브리서 자체의 관심보다는 오히려 쿰란 공동체의 관심을 좇아가는 비정상적인 궤도입니다. 얼핏 보면 히브리서도 멜기세덱을 신적 존재로 그리는 듯한 인상을 받을 수 있습니다. 특히 7:3의 언급이 그러합니다. "아버지도 없고 어머니도 없고 족보도 없고 시작한 날도 없고 생명의 끝도 없어 하나님의 아들과 닮아서 항상 제사장으로 있느니라." 부모도 없고 생명의 시작도 끝도 없다는 것은 그 자체가 신적 존재라는 것을 말하지 않나요? 그렇다면 히브리서 설교자도 멜기세덱을 신적 존재로 소개하는 것이 아닌가요? 얼마든지 이렇게 물을 수 있을 것입니다. 그러나 이러한 언급은 흔히 '침묵으로부터의 논증'이라고 부르는, 또는 '토라에 없는 것은 세상에도 없다'는 유대인들의 인식 방식을 반영합니다. 창세기 본문에 그의 부모, 그의 출생과 죽음에 대해 아무런 언급이 없다는 것에 근거하여 이와 같은 논증을 하는 것일 뿐, 그가 실제로 태어나지도 않았고 죽지도 않았다는 것을 말하지는 않습니다. 더군다나 이 언급을 하는 이유는 멜기세덱과 예수 그리스도 사이의 유사성(또는 상응성)을 만들려는 목적 때문입니다. 구약에 나오는 과거의 역사적 사실이나 인물과의 상응성을 찾아 그것을 메시아이신 예수 그리스도와 연결시키는 해석의 방법을 '모형론'(typology)이라고 부릅니다. 히브리서 설교자는 여기에서 바로 모형론적 해석을 시도하고 있습니다.

모형론에는 해석의 중심축을 이루는 '원형'과 그것의 그림자인 '모형'이 존재합니다. 멜기세덱은 예수 대제사장(원형)의 모형입니다. 여기서 중요한 것은 원형이 무엇이냐에 따라 모형의 이미지도 틀 맞춤을 당한다는 점입니다. 모형의 모든 부분이 원형과 연결되는 것이 아니라 원형이 더 부각되도록 모형의 모습도 그 명암의 조정을 받습니다. 그런 점에서 모형의 색조를 지배하는 것은 원형입니다. 예수 그리스도가 멜기세덱의 모습으로 그려지는 것이 아니라 멜기세덱이 예수 그리스도의 모습으로 그려지고 있다는 뜻입니다. 그렇다고 이것이 쿰란 공동체가 하는 것처럼 멜기세덱을 비역사적인 인물로 변질시키는 방향으로 가지는 않습니다. 여전히 그는 역사 속의 인물입니다. 다만 명시적으로 언급되지 않은 침묵의 부분 속에서 예수 대제사장과의 상응성에 해당하는 부분이 이후의 신언(神言)(시 110:4)에 의

거하여 멜기세덱에게 돌려지고 있습니다. 이런 면은 히브리서 설교자가 사용하는 독특한 표현 방식에서 잘 드러납니다.

히브리서 설교자는 7:3에서 멜기세덱을 두고 "하나님의 아들과 닮아서 항상 제사장으로 있느니라"라고 말합니다. 여기에 나오는 "닮아서"는 헬라어 원어(aphōmoiōmenos 아포모이오메노스, '닮게 만들다'의 완료 수동태 분사)의 의미를 잘 살려서 읽으면 '닮게 만들어져 있어서'입니다. 이 수동태 표현은 숨겨진 행위자(누구에 의해서)를 전제하는데, 이 경우 멜기세덱을 하나님의 아들과 닮도록 만드신 분이 하나님 외에 달리 있을 수가 없습니다. 이처럼 하나님을 숨은 행위자로 가지는 수동태 동사를 전문 용어로 '신적 수동태'(theological passive)라고 부릅니다. 이를 굳이 능동태로 바꾸어서 표현해 보면 이렇습니다. "하나님께서 멜기세덱을 하나님의 아들과 닮도록 만들어 놓으셨기에 그가 항상 제사장으로 있다."

전체적으로 본다면, 7:3은 예수 그리스도에게서의 성취라는 현재적 관점에서 출발하여 역으로 시편 110:4을 읽고, 다시 시편 110:4을 통해 창세기 14:18-20을 읽는 해석의 과정이 오버랩되어 있습니다. 예수 그리스도야말로 오직 홀로 영원하신 하나님의 아들이기에 시편 110:4에 따라 "네가 영원히 멜기세덱의 반차를 따르는 제사장이라"라는 선포에 부합하는 유일하신 분이지 않습니까? 비록 창세기 14:18-20 자체에서 멜기세덱의 영원성을 읽을 수는 없지만, 시편 110:4의 신언을 근거로 해서 볼 때 명시적으로 언급되지 않은 침묵의 부분 속에서 그의(특히 그의 제사장 직무) 영원성의 그림자를 읽을 수 있습니다. 이런 방식으로, 멜기세덱이 영원한 대제사장 예수 그리스도의 모형이 됩니다. 하지만 이 모형이 예수 그리스도를 있게 만든 것이 아니라, 영원한 대제사장 예수 그리스도 때문에 멜기세덱이 예수 그리스도와 닮게 만들어졌다는 것을 기억해야 합니다.

3. 영원한 대제사장 예수 그리스도

이처럼 멜기세덱과 예수 그리스도와의 연결점이 형성되고 난 뒤에는 멜기세덱에 비추어 예수 대제사장의 위대함과 영원함을 해설하는 내용이 물 흐르듯이 이어집니다. 히브리서 7장 전체가 이에 대한 해설입니다. 먼저, 위대한 제사장 멜기세덱보다 더 위대하신 대제사장 예수에 대한 해설이 나옵니다. 히브리서 설교자는 "이 사람이 얼마나 높은가를 생각해 보라"(7:4)라고 하며 멜기세덱의 위대성을 부각시킵니다. 그는 족장 아브라함에게 십일조를 받았고, 또한 아브라함을 축복하였던 사람입니다. 일반적으로 축복은 높은 사람이 낮은 사람에게 하는 것이므로 그가 아브라함보다 높은 지위에 있었다는 것을 보여 줍니다. 나아가서, 아브라함이 멜기세덱에게 십분의 일을 드린 것을 두고 히브리서 설교자는 매우 독특한 논리를 펼칩니다. "십분의 일을 받는 레위도 아브라함으로 말미암아 십분의 일을 바쳤다고 할 수 있나니 이는 멜기세덱이 아브라함을 만날 때에 레위는 이미 자기 조상의 허리에 있었음이라"(7:9-10). 여기서 설교자는 "할 수 있나니"(또는 '말할 것 같으면')라는 표현을 사용합니다. 물론 레위는 아브라함 때에 존재하지도 않았지만, 유전학적인 근원을 따진다면 아브라함의 증손자인 레위 역시 '아브라함의 허리'에 있어서 함께 멜기세덱에게 십분의 일을 드렸다고 말할 수 있지 않겠느냐는 것입니다.

이런 논증을 펼치는 이유는 모두 멜기세덱의 우월함을 보여 주기 위함입니다. 그가 아론이나 레위 제사장들보다 더 우월한 제사장이라는 것입니다. 그런데 예수님은 이 멜기세덱의 반차를 따라 제사장이 되셨습니다. 그러므로 그의 제사장직은 레위 계열의 제사장직보다 더 우월할 수밖에 없습니다. 여기서 그치지 않습니다. 예수님은 레위 계열보다 더 우월한 멜기세덱보다 더 우월하신 분입니다. 이는 예수 그리스도께서 본질상 멜기세덱과는 달리(물론 유사성도 있지만) 영원하신 하나님의 아들이기 때문입니다. 하나님은 시편 110:4의 말씀에 의거하여 영원하신 그의 아들을 우리를 위한 영원하신 대제사장으로 세우셨습니다.

7장은 창세기 14:18-20에 대한 해설부(7:1-10)를 빼고, 그 나머지가 시편 110:4에 대한 자세한 해설이라고 보면 됩니다. 이 시편 구절이 7:17과 7:21에 두 번씩이나 인용됩니다. 두 곳의 인용의 강조점이 다음과 같이 차이가 납니다.

> 시 110:4 여호와는 맹세하고 변하지 아니하시리라 이르시기를 너는 멜기세덱의 서열을 따라 영원한 제사장이라 하셨도다

> 히 7:17 증언하기를 **네가 영원히 멜기세덱의 반차를 따르는 제사장이라** 하였도다
>
> 히 7:21 그들은 맹세 없이 제사장이 되었으되 오직 예수는 자기에게 말씀하신 이로 말미암아 맹세로 되신 것이라 **주께서 맹세하시고 뉘우치지 아니하시리니 네가 영원히 제사장이라 하셨도다**

7:17은 "네가 영원히 멜기세덱의 반차를 따르는 제사장이라" 부분만 간단하게 인용하여 예수님의 제사장직을 멜기세덱의 반차 측면과 연결합니다. 여기에 대한 해설이 7:11-19에서 이어집니다. 반면 7:21에서는 "멜기세덱의 반차를 따르는" 부분은 빼고 "주께서 맹세하시고 뉘우치지 아니하시리니 네가 영원히 제사장이라 하셨도다" 부분만 인용합니다. 그리고 "맹세"에 대한 해설(7:20-22)과 "영원히"에 대한 해설(7:23-25)을 곁들입니다. 마지막으로, 7:26-28은 이 전체의 종합적인 내용입니다. 이 중에서 "맹세"를 다루는 부분은 별도로 더 세밀하게 살펴보는 것이 좋겠습니다. 지금은 "영원히"의 부분에 집중하고자 합니다.

예수님께서 레위 계열의 제사장보다 우월하신 가장 분명한 이유는 그의 영원성 때문입니다. 레위 제사장들은 "죽음으로 말미암아 항상 있지 못함"(7:23)이라는 한계를 가집니다. 그러므로 자연히 그 수효가 많을 수밖에 없습니다. 그러나 예수님은 영원히 계십니다. 그러므로 우리는 더 이상 다수의 제사장이 필요 없고 오직 한 분만으로 만족합니다. 우리의 대제사장 예수 그리스도는 "항상 살아 계셔서" "하나님께 나아가는 자들"인 우리를 영원토록 도와주십니다(7:25). 이보다 더 좋을 수 없는 가장 좋은 것을 우리가 가지게 되었습니다. 저급한 옛 방식을 더 이상 그리워할 필요가 없습니다. 이제 우리가 할 일은 이 탁월하신 예수 대제사장을 힘입고 하나님의 보좌 앞에 나아감을 무한히 누리는 일뿐입니다.

4. 멜기세덱에 대한 약속의 성취, 그러나 기다림

창세기 14:17-20의 멜기세덱 기사는 시편 110:4에 의해 새로운 색채를 부여받으면서 미래의 영원한 한 제사장에 대한 예언의 바탕이 되었습니다. 그리고 이 예언은 예수 그리스도에게서 온전히 성취되었습니다. '의의 왕'이요 '평화의 왕'인 멜기세덱은 하나의 모형이라는 차원에 지나지 않지만 예수 그리스도는 가장 진정한 의미의 의의 왕이요 평화의 왕으로, 우리를 다스리고 책임져 주십니다. 무엇보다 예수님은 십자가에서 우리의 죄를 위한 속죄의 제물로 자신을 드리심으로써 우리가 하나님 앞에서의 의와 평화를 선물로 누릴 수 있도록 만들어 주셨습니다. 그러므로 우리는 우리의 왕이요 대제사장이신 예수 그리스도를 힘입고 하나님 앞에 담대히 나아갈 수 있습니다.

히브리서의 모든 권면의 핵심은 이 하나님 앞으로 나아가자는 것입니다. "우리가 마음에 뿌림을 받아 악한 양심으로부터 벗어나고 몸은 맑은 물로 씻음을 받았으니 참 마음과 온전한 믿음으로 하나님께 나아가자"(10:22, 그밖에 4:16, 7:25, 10:1, 11:6 등). 그 하나님의 존전은 "앞서 가신 예수께서 멜기세덱의 반차를 따라 영원히 대제사장이 되어 우리를 위하여 들어 가"신 곳입니다(6:20). 여기서 "앞서 가신"으로 번역된 '프로드로모스'(prodromos)는 선두 주자 또는 돌격대라는 뜻입니다. 예수님께서 우리의 선두 주자가 되셔서 이미 하늘 보좌의 자리를 확보하고 계시므로 우리 또한 그곳으로 안전히 나아갈 수 있습니다. 이것이 우리가 가진 소망의 핵심입니다. 이 소망이 우리의 "영혼의 닻"입니다. 세상의 유혹과 박해에 흔들리고 표류하기 쉬운 우리의 영혼의 배가 이 튼튼하고 견고한 소망의 닻에 매여 있으면 우리는 표류의 위험을 이길 수 있습니다.

그런데 히브리서의 권면은 놀랍게도 양면성을 가집니다. 한 면에서 예수의 피를 힘입어 “하나님께 나아가자”라고 권면하는 반면, 또 다른 한 면에서는 “그의 치욕을 짊어지고 영문 밖으로 그에게 나아가자”(13:13)라고 권면합니다. 물론 “나아가자”로 번역된 두 단어가 원어에서는 다소 차이가 납니다. 하나님께 나아가는 것은 ‘향하여’(pros) 가는 것이고, 영문 밖으로 나아가는 것은 ‘밖으로’(ek) 가는 것입니다. 그러나 이 둘이 짝을 이룹니다. 우리의 영원하신 대제사장을 통하여 하나님 앞으로 나아가는 특권을 누리게 된 성도는 동시에 세상 속에서 소외와 모멸의 장소인 진영 밖으로 나갈 줄 아는 성도가 되어야 합니다.

예수를 믿고 특권만 다 누리려고 하는 사람은 자신의 이기적 본성을 아직도 극복하지 못한 사람입니다. 예수님께서 취하신 자리는 하늘 영광의 보좌이지만, 동시에 모멸감 가득한 영문 밖 골고다의 자리이기도 합니다. 그곳에서는 아직도 그리스도의 왕권이 온전히 인정되지 않고 있습니다. 오히려 그의 왕권을 대항하는 거센 도전이 맹골수도의 세찬 격류를 형성하고 있습니다. 그러므로 우리는 우리의 소망의 닻에 더욱 견고히 묶여 있어야 합니다. 동시에, 우리 앞에 놓인 우리 차례의 싸움을 믿음의 고백을 견지하며 잘 감당해 가야 합니다. 그런 점에서 우리의 기다림은 항상 행동 중의 기다림(waiting in action)입니다.

토의를 위한 질문

1. 창세기에 등장하는 멜기세덱은 어떤 사람입니까? 히브리서 저자가 멜기세덱을 언급하는 이유는 무엇입니까?

2. 멜기세덱과 예수님은 어떤 관계입니까? 멜기세덱을 이해하고자 할 때 주의해야 할 점은 무엇입니까?

3. 히브리서 저자는 레위 계열 제사장보다 멜기세덱 계열 제사장이 어떤 면에서 우월하다고 설명합니까?

4. 나(공동체)는 멜기세덱의 반차를 따르는 대제사장 예수님 안에서 어떤 특권을 누리고 있습니까?

맹세의 효력과 기다림

6:16-18, 7:20-22

6:16-18 사람들은 자기보다 더 큰 자를 가리켜 맹세하나니 맹세는 그들이 다투는 모든 일의 최후 확정이니라 하나님은 약속을 기업으로 받는 자들에게 그 뜻이 변하지 아니함을 충분히 나타내시려고 그 일을 맹세로 보증하셨나니 이는 하나님이 거짓말을 하실 수 없는 이 두 가지 변하지 못할 사실로 말미암아 앞에 있는 소망을 얻으려고 피난처를 찾은 우리에게 큰 안위를 받게 하려 하심이라

7:20-22 또 예수께서 제사장이 되신 것은 맹세 없이 된 것이 아니니 (그들은 맹세 없이 제사장이 되었으되 오직 예수는 자기에게 말씀하신 이로 말미암아 맹세로 되신 것이라 주께서 맹세하시고 뉘우치지 아니하시리니 네가 영원히 제사장이라 하셨도다) 이와 같이 예수는 더 좋은 언약의 보증이 되셨느니라

1. 하나님의 맹세와 맹세의 위력

하나님께서는 맹세를 하실 필요가 없습니다. 왜냐하면 그는 진리 자체이시고 그의 말씀은 무엇이나 다 참되기 때문입니다. 하나님은 자신이 하시는 말씀에 신실하시며 또 그 말씀하신 것을 신실하게 지키십니다. 민수기 23장을 보십시오. 비록 발람의 입을 통하여 나온 말이지만, 하나님에 대한 발람의 진술은 정확합니다. "하나님은 사람이 아니시니 거짓말을 하지 않으시고 인생이 아니시니 후회가 없으시도다 어찌 그 말씀하신 바를 행하지 않으시며 하신 말씀을 실행하지 않으시랴"(민 23:19).

맹세란 자신이 뱉은 말을 어길 가능성이 있는 어떤 존재가 그 말을 어기지 않겠다고 확약하는 행위입니다. 그러나 하나님께서는 그 말을 어기시는 분이 아니므로 맹세하실 필요가 없습니다. 그저 말씀만 하셔도 그것으로 충분합니다. 게다가, 인간은 자신보다 더 큰 자를 들어 맹세를 하는데 하나님에게는 그분보다 더 큰 자가 없습니다. 하나님께서 자기 이름을 들어 말씀하시는 것이 바로 최후 확정입니다. 그런데도 하나님께서 맹세를 하시는 경우가 있는데, 이는 자기 자신을 위해서가 아니라 연약한 우리 인간을 고려해 주신 행동이십니다.

하나님께서 아브라함에게 복을 주시고 그의 씨를 번성하게 하시겠다는 약속을 주실 때 맹세를 하셨습니다. "여호와께서 이르시기를 내가 나를 가리켜 맹세하노니 … 내가 네게 큰 복을 주고 네 씨가 크게 번성하여 하늘의 별과 같고 바닷가의 모래와 같게 하리니"(창 22:16-17). 이 약속의 말씀이 히브리서 6:14에 인용되어 있습니다. "내가 반드시 너에게 복 주고 복 주며 너를 번성하게 하고 번성하게 하리라." 칠십인역을 그대로 따온 인용입니다(끝부분에서 "네 씨"를 "너"로 바꾼 것만 빼고). 여기서 "복 주고 복 주며"라는 표현은 복 하나를 주고 거기에 더하여 또 다른 복을 준다는 의미가 아닙니다. 좀 더 정확하게 번역한다면 '복을 줌으로 내가 너를 복 줄 것이다'입니다. 하나의 약속을 중복적으로 표현하고 있습니다. 이것만 해도 하나님께서 자신의 약속을 반드시 지키시겠다는 확약을 충분히 표현하신 셈입니다.

그렇다면 생각해 봅시다. 하나님께서는 약속 말씀만 주셔도 되는데 왜 맹세까지 하셨을까요? 무언가 부족함이 있어서일까요? 그렇지 않습니다. 히브리서 설교자가 그 이유를 이렇게 밝힙니다. "하나님은 약속을 기업으로 받는 자들에게 그 뜻이 변하지 아니함을 충분히 나타내시려고 그 일을 맹세로 보증하셨나니"(6:17). 여기서 "약속을 기업으로 받는 자들"은 우리 성도들을 가리킵니다. 이 표현은 하나님의 부르심을 받은 후 장래의 유업의 땅을 향해 갈 바를 알지 못하고 나아갔던 아브라함과 "동일한 약속을 유업으로 함께 받은"(11:9) 이삭과 야곱을 가리키는 표현과 똑같습니다. 아브라함의 믿음의 후손인 우리 모두에게 하나님은 당장 현물을 손에 쥐여 주시는 것이 아니라 약속의 말씀을 쥐여 주십니다. 그 약속을 붙들고 살아가는 것은 믿음과 인내를 요하는 일입니다. 아브라함이 조상 때부터 내려오던 삶의 터전을 버리고 아무 연고도 없는 먼 땅으로 오직 말씀 하나만 붙잡고 나아간 것은 결코 쉬운 일이 아니었습니다. 힘들고 어려운 난관이 닥쳐올 때마다 흔들릴 수 있습니다. 하나님께서 인간의 그런 연약함을 잘 아시기에 맹세를 곁들여서 아브라함에게 더 큰 확신을 심어 주셨던 것입니다.

이처럼 하나님은 "약속을 기업으로 받는 자들에게 그 뜻이 변하지 아니함을 충분히 나타내시려고" 맹세를 하십니다. 그러므로 하나님의 맹세는 우리에게 "큰 안위"(6:18)를 줍니다. "큰 안위"라고 할 때 '크다'는 '적다, 많다'와 같은 양적인 개념이 아닙니다. 양적으로 좀 더 큰 것이 아니라, 질적으로 '강한'(strong)이라는 의미입니다. 우리에게는 '강한 위로'가 필요합니다. 왜냐하면 우리는 하나님의 약속 때문에 "피난처를 찾은" 사람들 곧 '도피자들' 또는 '망명자들'이 되었기 때문입니다. 하나님의 약속을 받은 성도들이 그 생명과 안위를 위협하는 사람들 속에서 절박하게 피할 곳을 찾는 망명자들로 묘사되고 있습니다. 이런 이유 때문에 우리에게 '강한 위로'가 꼭 필요한 것입니다.

이 강한 위로가 어디에서 나올까요? 히브리서 설교자는 "하나님이 거짓말을 하실 수 없는 이 두 가지 변하지 못할 사실"에 그 근거를 둔다고 합니다. 그렇다면 "이 두 가지 사실"은 무엇을 가리킬까요? 지금 설교자가 염두에 둔 구약 본문이 창세기 12-22장에 나오는 아브라함의 생애이지 않습니까? 아브라함은 창세기 12:2-3과 15:5의 말씀에서 이미 약속을 받았습니다. 그런데 이삭을 드린 사건 이후 창세기 22:16에서 하나님께서 맹세의 말씀으로 이 약속을 재확인해 주십니다. 히브리서 설교자가 말하는 "두 가지 사실"이 바로 이 두 가지, 약속과 맹세의 측면입니다. 이 두 가지가 다 "거짓말을 하실 수 없는" 하나님과 그의 말씀의 본질에 귀속됩니다. 약속 하나만으로도 충분한데, 그 위에 맹세까지 덧붙여 주신 것입니다. 그런 만큼 우리에게 '강한 위로'가 임할 수밖에 없습니다.

이처럼 하나님의 맹세에는 큰 위력이 있습니다. 하나님의 말씀에 대한 확실한 보증이 됩니다. 나아가서, 그 말씀을 의지하고 살아가는 우리에게 강한 안위를 줍니다. 그런데 이와 같은 하나님의 맹세가 가장 강력한 위력을 발휘하는 곳이 또 한 군데 있습니다. 멜기세덱의 반차를 따라 예수님을 영원한 대제사장으로 세우실 때입니다.

2. 맹세로 세워지신 대제사장 예수

앞에서 히브리서 설교자가 시편 110:4을 통해, 예수 그리스도를 하나님 자신의 임명에 의한 영원한 대제사장으로 세우셨다는 사실을 밝히는 것을 살펴보았습니다. 설교자는 7장에서 이 핵심 구절을 두 번(7:17, 7:21) 인용합니다. 그런데 이 두 구절 모두 시편 110:4을 온전하게 인용하지는 않습니다. 7:17에서는 "멜기세덱의 반차를 따르는" 제사장이라는 측면을 부각합니다. 반면에 7:21에서는 멜기세덱에 대한 언급은 빼고 대신 "주께서 맹세하시고 뉘우치지 아니하시리니"라는 문구를 부각합니다. 곧 예수 그리스도께서 하나님의 맹세에 의하여 대제사장으로 임명되신 사실을 강조합니다.

맹세가 있는 것과 없는 것의 차이는 무엇일까요? 예수 그리스도의 측면에서 보면 그것은 예수 대제사장의 특별성을 의미합니다. 오직 예수님 한 분만이 맹세로 세워지신 대제사장이십니다. 또한 우리 그리스도인의 입장에서 보면 그것은 하나님 앞에 나아가는 특권의 보장을 의미합니다. 율법의 말씀으로 세우신 제사장들도 구별된 특권을 가지고 하나님 앞에 설 수 있었는데, 하물며 하나님의 맹세로 세우신 대제사장은 하나님 앞에 얼마나 더 가까이 나아갈 수 있겠습니까? 우리가 그 혜택을 온전히 누릴 수 있다는 것입니다.

히브리서 7:20-22은 문장 구조가 독특합니다. 내용상 7:20이

7:22과 바로 이어지고, 그 사이에 7:21이 삽입되어 있습니다. 20절과 22절을 연결해서 번역하면 이렇습니다. "또 '예수께서 제사장이 되신 것은'[원문에는 없지만 편의상 첨가] 맹세 없이가 아닌 만큼, 그런 그만큼 예수께서는 더 좋은 언약의 보증인이 되셨다." 여기서 살려서 읽어야 할 부분이 '~한 만큼, 그런 그만큼'의 구문입니다. 전체 구조를 살려서 의역해 보면 아래와 같습니다.

7:20 또 예수께서 제사장 되심은 맹세 없이가 아닌 만큼

7:21 (레위 지파 제사장들은 맹세 없이 되었으되 그는 자기에게 이렇게 말씀하신 이로 말미암아 맹세로 되었으니 "주께서 맹세하셨고 뉘우치지 아니하시리니 네가 영원히 제사장이라")

7:22 그런 그만큼 예수께서는 더 좋은 언약의 보증인이 되셨다

인간 제사장 중에서는 어느 누구도 하나님의 맹세로 세워지지 않았는데, 오직 예수님만 시편 110:4에 의거하여 하나님의 맹세로 제사장이 되셨습니다. 이처럼 인간 제사장들과 달리 그가 "맹세 없이가 아닌 만큼, 그런 그만큼" 우리에게 더 큰 유익을 주실 수 있는 분이 되셨다는 말씀입니다.

하나님의 맹세로 세워졌다는 것은 하나님께서 그를 받으신다는 사실을 100% 보장해 줍니다. 그런 의미에서 예수님을 "더 좋은 언약의 보증"이라고 부릅니다. 여기서 "보증"은 헬라어 '엥귀오스'입니다. 이 단어는 신약에서 오직 여기에만 나오는 독특한 단어로, 일반적으로는 '보증인' 또는 '담보자'를 가리키는 법률 용어입니다. 어떤 사람이 보증인을 힘입어 남에게 돈을 빌렸다가 갚지 못하면 이 보증

인이 대신 갚아야 합니다.

유대인 외경인 시락서에 이 '엥귀오스'에 대한 언급이 나옵니다(시락 29:14-20). 가난한 이웃을 돕기 위하여 보증인이 되어 주는 사람을 이 책에서는 선한 사람이라고 지칭합니다. 또한 목숨을 걸고 보증인이 되어 준 사람의 은혜를 잊지 말아야 한다고 당부하기도 합니다. 나아가서, 사려 깊지 못한 보증 행위로 말미암아 많은 사람이 바다의 물결에 휩쓸리듯이 위태롭게 되므로, 이웃을 능력껏 돕되 자신이 가난에 빠지는 일이 없도록 주의하라고 덧붙입니다. 이런 문헌의 도움으로 '엥귀오스'의 일반적인 의미를 잘 포착할 수 있습니다. 비록 나는 지불 능력이 확실하지 않을지라도 지불 능력이 확실한 누군가가 내 보증인이 되어 준다면 이 보증인 덕분에 내가 신용을 인정받을 수 있게 되는 것입니다. 더욱이, 이 보증인이 내가 돈을 빌릴 사람의 대리자이거나 제일 신뢰하는 지인이라면 나는 의심의 여지없이 확실하게 신용을 인정받습니다.

하나님 앞에서 나를 위한 가장 확실한 보증인이 누구일까요? 하나님께서 나를 위해 맹세로 친히 세워 주신 분보다 더 확실한 담보자가 있을 수 있을까요? 그의 맹세가 없는 담보자를 앞세우고 나아간다면 끝까지 안심할 수 없습니다. 그러나 맹세를 가진 담보자를 의지하고 나아간다면 조금도 의심할 필요가 없습니다. 예수님은 이런 의미에서 나의 가장 확실한 보증인이십니다. 그 자신이 하나님의 맹세를 가지신 분이기 때문입니다.

히브리서는 이 예수 대제사장을 가리켜 "더 좋은 언약의 보증[인]"이라고 부릅니다. "더 좋은 언약"이란 모세를 통하여 세운 율법 언약에 대비되는 '새' 언약 또는 "둘째"(8:7) 언약, "영원한"(13:20) 언약을 가리킵니다. 그런데 이 언약을 체결할 때 중재자가 필요합니다. 히브리서 8:6은 예수님을 가리켜 "더 좋은 언약의 중보자"라고 합니다. 중보자(헬라어 메시테스) 역시 법률 용어로, 계약을 체결하거나 아니면 분쟁 중인 두 당사자를 중재해 주는 역할을 하는 사람을 가리킵니다. 과거에 모세가 하나님과 이스라엘 백성 사이에서 시내 산 언약 체결의 중재자 역할을 하였던 것처럼, 이제 우리의 대제사장 되시는 예수 그리스도께서 그의 피로 하나님과 우리 사이의 언약 체결의 중재자 역할을 하신다는 것을 말합니다.

예수님께 '중보자'의 이름뿐만 아니라 '보증인'의 이름까지 돌려집니다. 언약의 체결을 매개하는 '중보자'의 역할보다 '보증인'의 역할이 훨씬 더 그 책임이 무겁습니다. 보증인은 자신이 보증하는 사람들을 위하여 자기의 모든 것을 걸어야 합니다. 예수님께서 우리를 위하여 바로 그 일을 해 주셨습니다. 곧 자기의 목숨을 우리 대신 내놓으신 것입니다. 그는 이름만 우리의 보증인이 아니라, 전적으로 그 책임을 다 수행하신, 우리를 가장 아끼시는 우리의 보증인이십니다. 시락서에 나오는 것처럼 돈으로 우리를 도와준 보증인의 은혜도 잊어서는 안 되겠거늘, 하물며 그 생명을 바쳐 우리를 도와주신 예수 엥귀오스(보증인)의 은혜를 잊어서야 되겠습니까?

예수님은 우리를 위하여 더할 나위 없이 탁월하신 보증인이 되어 주십니다. 첫째, 그가 하나님의 맹세로 세워지신 제사장이라는 사실 때문입니다. 그는 인간 중 어느 누구도 가지지 못한 하나님의 맹세를 가지신 분인 만큼, 그만큼 더 우리를 위하여 확실한 보증인의 자격을 갖추셨습니다. 둘째, 그가 생명과 피가 요구되는 자리에서 기꺼이 우리를 위하여 자기의 목숨을 내주셨기에 우리를 위한 가장 좋은 보증인이 되십니다. 그렇다면 이런 보증인으로 말미암아 우리가 누리게 된 특권 또는 유익이 무엇일까요?

3. 맹세로 세워진 대제사장이 주는 유익

7:28은 5장부터 시작된, 멜기세덱 제사장 단락을 마감하면서 하나님의 맹세를 다시 한 번 언급합니다. "율법은 약점을 가진 사람들을 제사장으로 세웠거니와 율법 후에 하신 맹세의 말씀은 영원히 온전하게 되신 아들을 세우셨느니라." 여기서 "율법"과 "맹세의 말씀"이 강하게 대비됩니다. 율법은 아론과 그의 자손들을 어떻게 구별하여 제사장으로 세워야 하는지 자세히 지시합니다(출 28:1-3, 29:4-9, 레 8:1-9, 민 3:10 등). 이런 인간 제사장들과 예수 대제사장 사이에는 분명한 공통점이 있습니다. 인간의 자의에 의해서가 아니라 하나님의 택하심에 따라 하나님 앞에 서서 섬기는 제사장으로 구별된다는 점입니다. 그뿐만 아니라 제사장은 그 자신이 인간으로서 인간의 모든 형편을 하나님 앞에 가지고 나아갈 수 있어야 합니다. 그래서 예수님께서도 우리의 연약함과 아픔을 다 함께 나누기 위해 우리와 같은 인간이 되셨습니다.

이런 공통점에도 불구하고 결정적인 차이점들도 있습니다. 첫째, 하나님께서 인간 제사장들에게는 주신 적이 없는 "맹세의 말씀"으로 예수님을 우리를 위한 대제사장으로 세우셨다는 사실입니다. 둘째, 인간 제사장들과 달리 하나님은 자기의 아들을 영원한 대제사장으로 세우셨습니다. 셋째, 예수 대제사장이 자신의 피로 드리는 제사는 인간 제사장들이 드리는 제사의 효력의 한계를 넘어 그 효력이 영원하다는 점입니다. 인간 제사장들과 예수 대제사장의 가장 현저한 차이가 바로 이 영원성의 문제입니다. 율법은 약점(=연약)을 가진 인간을 제사장으로 세웠다고 말하지 않습니까? 이 연약의 가장 큰 표시가 다름 아닌 죽음입니다. 이 죽음 때문에 인간 제사장의 직무가 한 사람에게서 다른 사람에게로 계속 바뀝니다. 자연히 한 명이 아닌 다수의 제사장이 필요할 수밖에 없습니다. 그러나 예수님의 경우에는 오직 한 분으로 충분합니다. 왜냐하면 그는 "영원히 계시고", "항상 살아 계셔서"(7:24, 25) 그의 대제사장 직무를 계속 수행하실 수 있기 때문입니다.

여기서 반복되는 이 "영원히"의 주제는 "너는 멜기세덱의 서열을 따라 영원한 제사장이라"라고 선언하는 시편 110:4에 그 근거를 둡니다. 이 "영원히"가 돌려지기에 합당하신 분은 오직 예수 그리스도 한 분뿐입니다. 그가 하나님의 아들로 영원히 살아 계시기 때문에 우리의 구원을 영원히 보장해 주실 수 있습니다. 우리는 우리의 보증인이신 대제사장의 도움을 한순간이라도 받지 않고는 하나님 앞에 설 수가 없습니다. 그리스도께서 우리의 영원하신 대제사장이라는 사실이 우리에게 말할 수 없는 유익을 줍니다.

그 유익을 7:25이 압축적으로 잘 표현해 줍니다. "그러므로 자기를 힘입어 하나님께 나아가는 자들을 온전히 구원하실 수 있으니 이는 그가 항상 살아 계셔서 그들을 위하여 간구하심이라." 이 문장의 중심 뼈대는 "그가 자기를 힘입어 하나님께 나아가는 자들을 온전히 구원하실 수 있다"는 진술입니다. 여기서 "온전히"는 시간적 측면에서 '끝까지'를 의미하기도 하며 또한 질적인 측면에서 '전적으로'를 뜻하기도 합니다. 주님은 우리를 영원히 그리고 전적으로 구원하실 수 있는 능력을 가지신 분입니다. 그 이유가 무엇인지를 보조 문장이 설명합니다. 왜냐하면 "그가 항상 살아 계셔서 그들을 위하여 간구" 하시기 때문입니다. 예수님은 지금도 우리를 위하여 간구하시는 일을 계속하고 계십니다. 예수님의 대제사장 직무 수행은 영원히 현재 진행형입니다. 영원히 사시는 분이기 때문에 영원히 계속됩니다. 그러므로 우리의 구원도 영원히 보장됩니다. 이런 놀라운 특권을 우리가 영원히 누릴 수 있는 이유는 그가 하나님의 맹세로 세워지신 우리의 영원한 보증인이요 대제사장이시기 때문입니다.

4. 대제사장에 대한 약속의 성취와 기다림

시편 110:4은 두 가지 측면에서 예수 그리스도를 통해 온전히 성취되었습니다. 예수님께서 영원히 멜기세덱의 반차를 따르는 대제사장이 되셨다는 측면과 이것이 하나님의 맹세의 성취로 이루어졌다는 측면입니다. 맹세의 말씀은 그 효력이 특별합니다. 그 말씀을 의지하고 살아가는 사람들에게 강한 안위와 확신을 부여합니다. 바로 그 맹세의 말씀이 예수님을 우리의 대제사장으로 세우신 만큼, 예수님은 우리를 위해 가장 신뢰할 만한 보증인이 되십니다. 그는 자신의 모든 것을 다 던져서 우리를 책임져 주시고 우리의 빚을 다 자기 앞으로 돌려 놓으셨습니다.

이 고마우신 분을 우리가 지금은 얼굴로 대면하여 만나지 못합니다. 그러나 우리는 하나님의 영광의 보좌 앞에서 우리를 위해 지금도 간구하시는 우리의 대제사장 예수님을 믿음의 눈으로 바라봅니다. 그리고 장차 친히 뵈올 날을 사모하며 기다림으로 우리의 남은 날들을 살아갑니다. 주님은 이 기다림의 시간을 위하여 우리에게 그의 영을 보내 주셨습니다. 우리는 성령으로 말미암아 "거울을 보는 것 같이 주의 영광을 보매 그와 같은 형상으로 변화하여 영광에서 영광에 이르"고 있습니다(고후 3:18). 우리 속에서 이런 영광의 변모가 계속적으로 일어나야 합니다. 이것이 우리의 보증인이 되시기 위해 자신의 생명을 거신 그분의 은혜를 잊지 않는 길입니다.

토의를 위한 질문

1. 맹세의 특징은 무엇입니까? 하나님께서 왜 아브라함에게 맹세하셨습니까? 하나님의 맹세를 들었을 때 어떤 생각이 들었습니까?

2. 히브리서에서 "보증인"이라는 단어는 어떤 의미입니까? 인간 제사장들과 비교하여 예수 대제사장이 가지신 우월성은 무엇입니까? 그가 우리의 보증인이 되어 주실 때 우리는 어떤 유익을 누리게 됩니까?

3. 예수 대제사장의 인도를 우리에게 확신시켜 주시는 분은 누구입니까? 내 구원의 확신은 무엇에 근거합니까?

4. 나(공동체)는 예수 대제사장의 인도로 어떻게 변하였습니까? 앞으로 변해 갈 모습은 어떤 것들입니까?

새 언약 약속의 성취와 기다림

8:6–8, 13, 9:11–12, 14

8:6–8, 13 그러나 이제 그는 더 아름다운 직분을 얻으셨으니 그는 더 좋은 약속으로 세우신 더 좋은 언약의 중보자시라 저 첫 언약이 무흠하였더라면 둘째 것을 요구할 일이 없었으려니와 그들의 잘못을 지적하여 말씀하시되 주께서 이르시되 볼지어다 날이 이르리니 내가 이스라엘 집과 유다 집과 더불어 새 언약을 맺으리라 … 새 언약이라 말씀하셨으매 첫 것은 낡아지게 하신 것이니 낡아지고 쇠하는 것은 없어져 가는 것이니라

9:11–12, 14 그리스도께서는 장래 좋은 일의 대제사장으로 오사 손으로 짓지 아니한 것 곧 이 창조에 속하지 아니한 더 크고 온전한 장막으로 말미암아 염소와 송아지의 피로 하지 아니하고 오직 자기의 피로 영원한 속죄를 이루사 단번에 성소에 들어가셨느니라 … 하물며 영원하신 성령으로 말미암아 흠 없는 자기를 하나님께 드린 그리스도의 피가 어찌 너희 양심을 죽은 행실에서 깨끗하게 하고 살아 계신 하나님을 섬기게 하지 못하겠느냐

1. 예레미야를 통해 주신 새 언약 약속

히브리서 8장은 거의 절반이 예레미야 31:31-34의 인용입니다. 설교자가 예레미야 본문을 길게 인용한 데에는 다 이유가 있습니다. 여기에는 예수 그리스도와 관련하여 매우 핵심적인 예언 한 가지가 포함되어 있기 때문입니다. 예레미야 31장은 새 언약 예언으로 유명합니다. "볼지어다 날이 이르리니 내가 이스라엘 집과 유다 집과 더불어 새 언약을 맺으리라"("보라 날이 이르리니 내가 이스라엘 집과 유다 집에 새 언약을 맺으리라"[렘 31:31]). 하나님은 예레미야를 통해, 과거 "열조의 손을 잡고 애굽 땅에서 인도하여 내던 날"("조상들의 손을 잡고 애굽 땅에서 인도하여 내던 날"[렘 31:32])에 맺은 것과는 다른 언약을 맺는 미래의 날이 올 것을 예고하십니다. 출애굽 때의 언약이란 시내 산과 모압 땅에서 모세를 중보자로 세워서 맺은 옛 언약을 가리킵니다. 그런데 그 언약이 한계를 드러내고 말았습니다. 이스라엘이 그 언약의 하나님을 저버리고 다른 신들을 음란하게 섬김으로써 하나님과의 언약을 깨트린 것입니다.

예레미야는 이 언약이 깨어짐으로 말미암아 이스라엘 백성 가운데 도래한 비참한 결과들을 몸소 경험하였던 선지자입니다. 예루살렘은 느부갓네살의 침공을 받아 무참히 패망하였고, 살아남은 자들은 멀리 바벨론 땅에 포로로 사로잡혀 갔습니다. 하나님은 이런 일들이 일어날 것을 이미 오래전부터 예고하셨습니다. "여수룬이 기름지매 발로 찼도다 네가 살찌고 비대하고 윤택하매 자기를 지으신 하나님을 버리고 자기를 구원하신 반석을 업신여겼도다 그들이 다른 신으로 그의 질투를 일으키며 가증한 것으로 그의 진노를 격발하였도다"(신 32:15-16). 이처럼 언약을 저버리는 이스라엘에 대하여 하나님께서 하시려는 일이 이것입니다. "그들이 하나님이 아닌 것으로 내 질투를 일으키며 허무한 것으로 내 진노를 일으켰으니 나도 백성이 아닌 자로 그들에게 시기가 나게 하며 어리석은 민족으로 그들의 분노를 일으키리로다 그러므로 내 분노의 불이 일어나서 스올의 깊은 곳까지 불사르며 땅과 그 소산을 삼키며 산들의 터도 불타게 하는도다"(신 32:21-22). 이미 오래전에 모세를 통하여 예고하신 일들이 예레미야 때에 실제로 일어나고 만 것입니다.

하지만 이스라엘의 실패에도 불구하고 하나님은 언약의 백성을 저버리지 않으십니다. 오히려 더 좋은 언약에 대한 계획을 가지고 계십니다. 바로 '새 언약'입니다. 시내 산 첫 언약의 법은 두 돌판에 새겨져 있었습니다. 그러나 거기에는 한계가 있었습니다. 마음이 담기지 않은 형식적인 순종이 일어날 수도 있었기 때문입니다. 예레미야 시대에 종교의 타락은 하나님을 전적으로 떠나간 데 있지 않았습니다. 그들은 여전히 성전을 중심으로 하나님을 예배하고 있었습니다. 그러나 하나님께서는 그들이 "무익한 거짓말"(렘 7:8)을 의존한다고 꾸짖으시면서 그들의 잘못을 이와 같이 지적하십니다. "너희가 도둑질하며 살인하며 간음하며 거짓 맹세하며 바알에게 분향하며 너희가 알지 못하는 다른 신들을 따르면서 내 이름으로 일컬음을 받는 이 집에 들어와서 내 앞에 서서 말하기를 우리가 구원을 얻었나이다 하느냐 이는 이 모든 가증한 일을 행하려 함이로다"(렘 7:9-10). 하나님의 이름으로 구원을 말하면서도 그들에게는 하나님의 뜻을 존중하고 따르려는 마음이 전혀 없었습니다.

마음이 먼저 바뀌지 않으면 안 됩니다. 이러한 이유로 새 언약에서는 마음을 새롭게 하는 일이 가장 먼저 언급됩니다. 예레미야 31:31-34(히 8:8-12)에 나오는 새 언약의 골자를 세 가지로 정리해 볼 수 있습니다. 첫 번째, 하나님께서 그 언약의 법을 더 이상 돌판에 새기지 않고 오히려 사람의 마음판에 새기겠다고 하십니다. 그렇게 되면 사람들이 마음으로부터 하나님의 뜻을 알고 그 뜻을 좇아 살아가는 것이 가능해질 것입니다. 이 일은 하나님께서 주겠다고 약속하신 그의 영(겔 36:27 등)이 오심으로 말미암아 마침내 가능해졌습니다. 바울은 자신의 새 언약 사역을 통해 "먹으로 쓴 것이 아니요 오직 살아 계신 하나님의 영으로 쓴 것이며 또 돌판에 쓴 것이 아니요 오직 육의 마음판에 쓴"(고후 3:3) 살아 있는 그리스도의 편지를 만들어 낼 수 있었습니다.

새 언약의 두 번째 약속은 "작은 자로부터 큰 자까지 다 나를 앎이라"라는 말씀 속에 잘 나타납니다. 과거에는 하나님을 바르게 아는 일이 일부 사람들에게만 허락되었습니다. 하나님의 말씀을 받은 하나님의 사람들과 선지자들만 하나님을 바르게 알 수 있었습니다. 그러나 하나님께서 오래 "감추어졌던 것", 곧 "우리의 영광을 위하여 만세 전에 미리 정하신 것"(고전 2:7)을 예수 그리스도 안에서 다 밝히심으로 말미암아 이제는 그리스도 안에 있는 "작은 자로부터 큰 자까지" 모두 계시된 하나님의 비밀을 잘 아는 시대가 되었습니다.

마지막으로 새 언약의 세 번째 약속은 "내가 그들의 불의를 긍휼히 여기고 그들의 죄를 다시 기억하지 아니하리라"라는 것입니다. 하나님께서 전폭적으로 사죄해 주시겠다는 약속입니다. 단지 죄를 간과하시는 차원이 아니라 그 죄의 근원을 깨트리고 죄의 권세에서 우리를 온전히 해방하시겠다는 약속입니다. 이 일은 예수 그리스도께서 우리를 대신하여 십자가에서 피 흘려 주심으로써 이루어졌습니다. 히브리서 설교자는 이 세 번째 약속에 초점을 맞춥니다. 그래서 새 언약 약속의 성취를 다루는 히브리서 8:1-10:18의 전체 결론부에서 다시 한 번 이 사죄 약속의 성취를 언급합니다. "또 '그들의 죄와 그들의 불법을 내가 다시 기억하지 아니하리라' 하셨으니 이것들을 사하셨은즉 다시 죄를 위하여 제사 드릴 것이 없느니라"(10:17-18). 히브리서 설교자는 이 부분에서 사죄를 위하여 우리가 왜 반복적으로 제사를 드리지 않아도 되는지 상세하게 설명합니다.

2. 첫 언약의 한계와 기능 완료

언약 백성의 죄에 대한 처리는 첫 언약에서 가장 핵심적인 문제 가운데 하나였습니다. 언약 백성이 하나님과 온전히 교제를 누리며 죄 짓지 않고 살아갈 수 있다면 그보다 더 좋을 수 없겠지요. 그러나 인간의 타락한 욕망과 하나님보다 다른 것들을 더 사랑하는 마음 때문에 하나님의 백성이라도 수없이 죄를 짓습니다. 하나님은 언약 백성의 죄의 문제를 해결하기 위하여 여러 가지 제사 제도들을 정하여 주셨습니다. 언약을 어긴 자들의 죽음 대신 양이나 소 같은 짐승의 죽음을 통해 백성의 죄를 대속하셨고, 이를 통해 회복된 마음으로 다시 살아갈 수 있는 기회를 제공하셨습니다. 또한 이 대속의 제사를 드리도록 번제단과 지성소의 속죄단 같은 장소들도 마련해 주셨습니다. 나아가서, 하나님께서 열납하시는 방식대로 제사를 드리게 하시려고 제사장들을 따로 구분하여 세우셨습니다. 이 모든 것이 다 하나님의 언약 안에서 백성이 바르게 살아가도록 하시기 위한 하나님의 은혜의 장치들입니다.

그런데 첫 언약의 제도들 속에는 명백한 한계가 존재합니다. 우선 제사장의 경우, 첫 언약의 제사장들은 영원히 살지 못하는 유한한 존재들이기 때문에 계속 바뀔 수밖에 없었습니다. 그뿐만 아니라 그들 자신의 죄 때문에 백성의 죄를 근본적으로 해결할 능력이 없었습니다. 그래서 하나님께서 우리를 위하여 더 좋은 제사장을 세워 주신 것을 앞에서 살펴보았습니다. 바로 멜기세덱의 반차를 따르는 영원하신 대제사장 예수 그리스도가 그분이십니다.

히브리서 설교자는 하나님께서 더 좋고 새로운 것을 도입하셨다는 사실을 말할 때에 다소 독특한 표현 방법을 사용합니다. 다음 두 예가 이를 잘 보여 줍니다.

> 7:11 **레위 계통의 제사 직분으로 말미암아 온전함을 얻을 수 있었으면** … 어찌하여 아론의 반차를 따르지 않고 멜기세덱의 반차를 따르는 다른 한 제사장을 **세울 필요가 있느냐**

> 8:7–8 **저 첫 언약이 무흠하였더라면** 둘째 것을 **요구할 일이 없었으려니와** 그들의 잘못을 지적하여 말씀하시되 … 날이 이르리니 내가 … 새 언약을 맺으리라

이 두 예시에서 조건에 해당하는 '~하였더라면'은 실제로는 그렇지 않았다는 사실을 가정하는 표현입니다. "레위 계통의 제사 직분"은 제사 드리는 자들에게 온전함을 주지 못하였습니다. 그래서 하나

님께서 더 좋은 제사장을 준비하셨습니다. 마찬가지 방식으로, 첫 언약은 그 자체로 무흠하지 못하였습니다. 그래서 하나님께서 더 좋은 것, 곧 새 언약을 준비하셨습니다. "그들[첫 언약 백성]의 잘못을 지적하여 말씀하시되" 부분은 현존하는 가장 초기의 사본인 파피루스 46(P^{46})에 따르면 "첫 언약의 잘못을 지적하면서 그들에게 말씀하시되"라는 방식으로 표기되어 있습니다. 고려할 만한 이문(사본 상의 차이) 형태라고 봅니다. 만일 P^{46}을 따른다면, 이 본문은 사람("그들")의 잘못을 지적하는 것이 아니라 제도("첫 언약")의 잘못(한계)을 지적하는 것이 됩니다. 히브리서 설교자는 이후에도 계속 첫 언약의 한계를 지적합니다.

앞서 7장에서는 시편 110:4에 의거하여 제사 직분의 '변동'이 일어났다고 이야기한 바 있습니다. 그 결과 제사 제도와 관련된 이전 계명의 '폐기'(7:18)가 불가피해졌습니다. 마찬가지 방식으로, 첫 언약의 부족과 한계가 드러난 만큼 그것의 '소멸'(헬라어 아파니스모스="없어져 가는 것", 8:13)도 불가피해졌습니다. 이 '소멸'이라는 단어는 옛 제도의 한계를 나타내는 단어 중 가장 강력한 의미입니다. 그렇다면 여기에서 이런 질문을 해 볼 수 있습니다. 하나님께서 이렇게 불완전한 것들을 언약 백성에게 주셨다는 말인가요? 아닙니다. 첫 언약의 한계가 부각되는 이유는 더 나은 것과 비교했기 때문입니다. 더 나은 것이 왔기 때문에 이전 것이 상대적으로 불완전한 것이 될 수밖에 없습니다. 더군다나 이전 것은 그 자체가 하나님의 최종 목적이 아니었습니다. 참 것의 "모형과 그림자"(8:5)로 의도된 것이었습니다. 하나님은 이 모형과 그림자 차원의 것을 통해 "더 좋은 약속으로 세우신 더 좋은 언약"(8:6)을 보여 주려 하신 것입니다. 때가 되어 예수 그리스도께서 오셨고, 그의 피로 말미암아 온전한 사죄의 약속이 실제적으로 이루어진 만큼, 모형과 그림자 차원에 지나지 않는 것들이 이제 더 이상 필요 없어졌고, 따라서 폐기와 소멸이 불가피해진 것입니다.

첫 언약의 근본적 결함은 9:9이 밝히듯이 예배자들을 "그 양심상 온전하게 할 수 없다"라는 것입니다. 여기서 "양심"(헬라어 쉬네이데시스)은 우리의 내면적 인식의 실체를 총괄적으로 나타내는 표현입니다. 단지 양심이 좋다, 양심이 나쁘다 하는 차원만을 이야기하는 것이 아닙니다. 새 언약의 첫 번째 약속이, 우리의 마음판에 언약의 법을 새기시겠다는 것이었는데, 이 '마음'이 온전해지는 것이 달리 말하면 우리의 "양심"이 온전해지는 것입니다. 첫 언약의 예물과 제사는 이 마음, 또는 양심을 새롭게 해 주지 못하고, 외적 정결 차원에 그 효력이 제한됩니다. "이런 것은 먹고 마시는 것과 여러 가지 씻는 것과 함께 육체의 예법일 뿐"(9:10)입니다. 이것이 우리의 죄의 문제를 근본적으로 해결해 주지는 못합니다.

만일 첫 언약의 제사들이 우리의 죄의 문제를 근원적으로 해결했다면 "죄를 깨닫는 일"(10:2)이 다시 일어나지 않았을 것입니다. 여기서 "깨닫는 일"은 '쉬네이데시스'로, 앞에서 "양심"으로 번역된 것과 동일한 단어입니다. 이 경우에는 양심보다는 의식 또는 자각이라는 뜻입니다. 매년 속죄일마다 반복하여 제사를 드리는데도 이런 죄의 자각이 계속 일어나는 것은 옛 언약 체제 아래에서 드려지는 "황소와 염소의 피가 능히 죄를 없이 하지"(10:4) 못하기 때문입니다. 하나님은 처음부터 황소와 염소의 피를 죄 문제의 근원적인 해결책으로 주지 않으셨습니다. 오히려 그 근원적 해결책인 예수 그리스도의 피를 가리키는 역할을 하도록 정하여 놓으셨습니다. 따라서 이런 것들의 기능은 개혁의 때까지(9:10) 한시적입니다. 이제 예수 그리스도 안에서 개혁의 때가 이르렀고 새로운 질서들이 도입되었습니다. 이전에 그림자로 있던 것들의 역할이 끝났고 그 실체가 모습을 드러낸 만큼 이제 모형 차원의 것들은 자연히 소멸의 길을 갈 수밖에 없습니다.

3. 새 언약에 담긴 속죄의 막강한 효력

첫 언약의 속죄 제도는 그 효력의 면에서 질적인 한계를 가지며, 또한 시간적인 면에서 한시적입니다. 하나님께서는 더 좋은 것들을 예비하사 이 첫 언약의 속죄 제도들을 대신하게 하셨습니다. 더 좋은 것들은 크게 세 가지로 구성됩니다. 첫 번째, 더 좋은 제사장입니다. 하나님께서 우리를 위해 맹세의 말씀으로 대제사장 예수 그리스도를 세우셨습니다. 그러므로 그를 힘입고 나아가는 사람들은 누구든지 하나님께 영원히 그리고 온전히 용납받을 수 있게 되었습니다. 첫 언약의 인간 제사장들에 비해 얼마나 더 좋은 조건을 우리가 가졌는지 말로 다 할 수가 없습니다.

두 번째로 더 좋은 것은 속죄의 은혜가 베풀어지는 장소입니다. 첫 언약의 가장 대표적인 속죄 장소는 지성소 안의 속죄소(헬라어 힐라스테리온=시은좌, 레 16:13-15 등)입니다. 이 장소는 일 년에 한 번 속죄일에 대제사장만 들어갈 수 있는 곳입니다. 그러나 이곳이 아무리 구별되고 거룩한 곳이라 할지라도 여전히 인간의 손으로 지은 것이며 이 창조 세계에 속한 것에 지나지 않습니다. 다르게 표현해서, "세상에 속한 성소"(9:1)요, "하늘에 있는 것의 모형과 그림자"(8:5, 9:23, 10:1)일 뿐입니다. 이에 반해 우리의 대제사장 예수 그리스도께서 섬기는 곳은 "손으로 짓지 아니한 것 곧 이 창조에 속하지 아니한 더 크고 온전한 장막"(9:11)입니다. 그것은 "참 장막"(8:2, 9:24)이요, "하늘에 있는 것"(8:5)이며, 심지어 "바로 그 하늘"(9:24)이라 불리는 곳입니다. 모형 차원의 지상 장막이 가리키는 원형 중의 원형, 곧 하늘 하나님의 보좌 앞에서 예수 그리스도께서 우리를 위한 대제사장의 직무를 현재 수행 중이시므로 이보다 더 좋은 속죄의 조건이 있을 수 없습니다.

세 번째로 더 좋은 것은 우리의 속죄를 위하여 치러진 대가입니다. 첫 언약에서는 "염소와 송아지의 피"가 드려졌지만, 새 언약에서는 우리의 대제사장이신 예수 그리스도께서 자신의 피를 우리의 속죄를 위하여 드리셨습니다. 짐승의 피도 하나님께서 정하여 주신 범위 안에서 한정된 효력을 발휘하였다고 한다면, 하물며 "흠 없는 자기를 하나님께 드린 그리스도의 피"가 우리의 "양심을 죽은 행실에서 깨끗하게 하고 살아 계신 하나님을 섬기게 하지 못하겠"습니까?(9:14) 예수 그리스도의 피가 우리의 죄의 문제를 근원에서부터 해결함으로써 우리는 새롭게 된 마음으로 예배하게 되었습니다.

우리를 위한 언약의 중보자가 되셔서 친히 피 흘려 주신 예수 그리스도의 은혜로 우리는 심령이 새로워진 하나님의 언약 백성이 되었습니다. 이 새 언약의 속죄는 그 효력이 말할 수 없이 큽니다. 그 피를 힘입어 우리가 하나님의 존전인 하늘 성소 그 자체로 넉넉히 들어감을 얻습니다. 그곳에서 그리스도의 피가 아벨의 피보다 더 힘 있게 우리를 대변합니다(히 12:24, 참고. 창 4:10). 그리고 승천하신 하나님의 아들, 우리의 영원하신 대제사장께서 거룩하신 아버지 앞에서 친히 우리를 위하여 간구하고 계십니다. 이전에는 그림자로만 가능하였던 이런 일들이 이제는 우리의 현실이 되었습니다. 이 귀한 특권을 우리가 무한한 기쁨으로 누리지 않을 수 없습니다.

4. 새 언약 약속의 성취 속에서의 기다림

이스라엘이 바벨론에 의해 멸망될 즈음에 하나님께서 예레미야를 통해 예고하셨던 새 언약의 약속이 예수 그리스도의 오심 속에서 온전히 성취되었습니다. 예수 그리스도는 그의 피로써 우리를 하나님과의 영원한 언약에 묶어 주셨고, 새 언약에서 예고되었던 완전한 속죄의 은혜를 성취시켜 주셨습니다. 그뿐만 아니라 그리스도께서 보내신 성령으로 말미암아 우리의 마음에 하나님의 법이 새겨져서 우리가 마음으로 하나님을 알고 그 뜻을 따라 사는 일이 가능해졌습니다. 새 언약 백성은 무엇보다 심령의 예배를 드릴 줄 아는 사람들입니다. 그 삶의 모든 영역 속에서 영이신 하나님을 "영과 진리로"(요 4:24) 예배하는 것이 가능해진 것입니다. 이 모든 것이 새 언약 약속의 성취의 결과입니다.

그러나 우리는 여전히 기다림 속에서 살아갑니다. 그리스도께서 우리보다 앞서 "바로 그 하늘"(9:24)로 들어가셨지만, 우리는 아직 그곳에 몸으로 이르러 있지는 못합니다. 그러나 그리스도께서 들어가신 그곳으로 우리 또한 함께 들어갈 것이 분명합니다. 왜냐하면 우리는 그분과 떨어질 수 없는 언약의 짝이기 때문입니다. 이 기다림의 날 동안 우리는 그리스도께서 주신 모든 혜택을 온전히 누리며 살아야 합니다. 마음이 새롭게 되고 심령의 사유를 얻은 사람으로서 신앙생활을 누려야 합니다. 아직도 많은 사람이 형식과 의무에 매여 신앙생활을 합니다. 차원을 높여야 합니다. 자꾸만 옛 그림자의 형식에 이끌릴 것이 아니라, 하늘의 실체가 구현되는 새 언약의 삶을 우리의 예배와 삶 속에서 이루어 가야 합니다.

토의를 위한 질문

1. 예레미야 31:31-34에 나오는 "새 언약"의 약속을 하나님께서 어떻게 성취시키셨습니까?

2. "새 언약"에 나타난 세 가지 약속은 무엇입니까? 이 약속들이 나에게 주는 유익과 감동은 무엇입니까?

3. 첫 언약의 한계는 무엇입니까? 첫 언약은 언제 '종료'되었으며, 그 '폐기' 이유가 무엇입니까?

4. 새 언약에 담긴 속죄의 막강한 효력은 무엇입니까? 이 효력이 내 삶에 어떤 영향을 끼칩니까?

5. 나(공동체)는 새 언약 속에서 어떤 유익을 누리며, 어떤 모습으로 그 완성을 기다립니까?

시편 40편의 성취와 기다림

10:1–2, 10:12–14

10:1–2 율법은 장차 올 좋은 일의 그림자일 뿐이요 참 형상이 아니므로 해마다 늘 드리는 같은 제사로는 나아오는 자들을 언제나 온전하게 할 수 없느니라 그렇지 아니하면 섬기는 자들이 단번에 정결하게 되어 다시 죄를 깨닫는 일이 없으리니 어찌 제사 드리는 일을 그치지 아니하였으리요

10:12–14 오직 그리스도는 죄를 위하여 한 영원한 제사를 드리시고 하나님 우편에 앉으사 그 후에 자기 원수들을 자기 발등상이 되게 하실 때까지 기다리시나니 그가 거룩하게 된 자들을 한 번의 제사로 영원히 온전하게 하셨느니라

1. 율법이 가진 그림자 차원의 옛 제도

10:1은 주의해서 읽어야 할 본문입니다. 히브리서 설교자가 원래 말하고자 하는 것과 다른 방향으로 해석할 수도 있기 때문입니다. 우

리말 성경에 "율법은 그림자다"라고 번역된 부분이 특히 그러합니다. 원문은 "율법은 그림자를 가지고 있다"입니다. 차이가 무엇일까요? 설교자의 관심은 여기서 율법이 무엇이냐를 정의하는 데 있지 않습니다. 오히려 '새 언약'과 대비되는 옛 언약의 법인 율법이 규정하는 속죄 제도의 한계가 무엇인지를 밝히는 것이 그 목적입니다.

9장에서 설교자는 율법에 기록된 장막이나 제사 제도 같은 것들이 "그림자와 모형"일 뿐이라고 말한 바 있습니다. 율법 자체가 그림자라는 것이 아니라, 속죄를 위한 제도나 절차에 관하여 율법이 가진 것이 바로 그런 그림자 차원이라는 것입니다. 그러므로 번역부터 좀 더 정확히 할 필요가 있습니다. 다음 두 번역을 대조해 보시기 바랍니다.

> **10:1, 개역개정** 율법은 장차 올 좋은 일의 그림자일 뿐이요 참 형상이 아니므로 해마다 늘 드리는 같은 제사로는 나아오는 자들을 언제나 온전하게 할 수 없느니라

> **10:1, 사역** 따라서 율법은 실질들의 모습 그 자체가 아닌 장차 올 좋은 것들의 그림자를 가지고 있을 뿐이므로 해마다 그들이 반복적으로 드리는 그런 동일한 제물들로는 결코 나아오는 자들을 완전하게 할 수가 없다

구약 시대에 대제사장들은 율법이 정하는 절차를 따라 일 년에 한 번 속죄일(욤 키푸르)에 제물의 피를 가지고 지성소에 들어갔습니다. 이 일은 매우 거룩한 일이기 때문에 대제사장들이 먼저 수송아지로

속죄제를 드려 스스로를 정결하게 해야 했습니다. 그리고 지성소와 회막과 제단에 제물의 피를 뿌려 정결하게 하였습니다. 마지막으로, 제단에 번제 제물을 드려 자기와 백성의 죄를 속죄하는 행위를 함으로써 속죄일의 모든 절차를 마무리하였습니다(레 16:11-28). 하나님은 이런 일을 정례화하여 "일 년에 한 번 속죄할 것"(레 16:34)을 명하셨습니다.

하지만 이 제사가 죄의 문제를 근본적으로 해결해 주지는 못하였습니다. 만일 단번에 정결하게 하는 결과를 가져왔다면 "다시 죄를 깨닫는 일"(10:2, 문자적으로 '죄들의 자각')이 일어나지 않았을 것입니다. 오히려 그 반대로 해마다 "죄를 기억하게 하는 것"(10:3, 문자적으로 '죄들의 상기자')의 노릇을 하였습니다. 다시 말해서, 매년 속죄일이 돌아올 때마다 그 드려지는 제물들을 보면서 자신들의 죄가 근원적으로 해결되지 않고 그대로 남아 있음을 상기하게 된다는 것입니다. 밖에서는 제물들이 죄의 상기자 노릇을 하고 있고, 속에서는 양심이 백성의 죄의식을 일깨웁니다. 이런 상태가 근원적 해결 없이 해마다 되풀이될 수밖에 없었습니다.

하나님은 처음부터 영원한 속죄를 계획하셨습니다. '죄들의 상기자'인 구약 시대의 제사들을 통해 그의 아들 예수 그리스도의 영 단번의 제사를 가리키고 계셨던 것입니다. 그런 점에서 구약의 제사들은 장차 나타날 실체를 가리키는 그림자 역할을 하고 있었습니다. 그림자는 그 자체가 실체가 아닙니다. 그러나 실체 없이는 그림자도 존재하지 않습니다. 이 점에서 그림자와 실체가 하나로 연결됩니다.

하나님의 영원한 계획에 따라 예수 그리스도께서는 "자기를 단번에 제물로 드려 죄를 없이 하시려고 세상 끝에 나타나셨"습니나

(9:26). 그는 영원한 속죄의 효력을 지닌 제사를 드리기 위해 자기 자신을 영 단번의 제물로 아버지 앞에 드리셨습니다. 이 제사는 반복될 필요 없이 오직 한 번으로 족합니다. 왜냐하면 그리스도 자신이 영원히 살아 계신 우리의 대제사장이시기 때문입니다. 이것이 바로 "장차 올 좋은 일"입니다. 이전의 구약 제사들은 이를 가리키는 그림자입니다. 마침내 그림자가 아닌 실체가 왔기 때문에 그림자의 기능이 종결되었습니다.

이제 하나님은 그림자에 해당되는 그 첫 번째 것에 종지부를 찍으십니다. "그 첫째 것을 폐하심은 둘째 것을 세우려 하심이라"(10:9). 여기에 하나님의 강력한 의지와 뜻이 나타납니다. 어떻게든 우리에게 영원한 속죄의 은혜를 베풀어 주셔서 우리가 하나님 앞에 담대히 나아가 하나님과의 사귐을 온전히 누릴 수 있게 해 주려고 하십니다. 이것이 하나님의 강력한 의지요 뜻입니다. 이 뜻을 이루시기 위해 예수 그리스도께서 온전한 순종의 몸으로 이 세상 속에 오셨습니다.

2. 아버지의 뜻과 예수님의 순종

예수님께서 우리를 위하여 이루어 주신 속죄는 아버지 하나님의 오랜 계획이요 뜻이었습니다. 이 사실을 강조하기 위해 설교자가 시편 40:6-8에 주목합니다. 히브리서 10:5-7에 이 시편 구절들이 인용되어 있습니다. 이를 인용하면서 "주께서 세상에 임하실 때에 이르시되"라는 도입 문구를 사용합니다(10:5). 곧 예수님께서 성육신하사 세상에 오신 목적이 아버지의 뜻을 이루시기 위함이라는 것입니다.

시편 40:6-8은 다윗이 하나님과 대화하는 내용입니다. 하나님께서 다윗의 귀를 통하여 일러 주시는 말씀이 "내가 제사와 예물을 기뻐하지 아니하며 번제와 속죄제를 요구하지 아니한다"라는 말씀입니다. 이에 응답하여 다윗이 하나님께 "내가 왔나이다 나를 가리켜 기록한 것이 두루마리 책에 있나이다 나의 하나님이여 내가 주의 뜻 행하기를 즐깁니다"라고 합니다.

그런데 히브리서 설교자가 다윗과 하나님의 대화였던 이 내용을 다윗의 후손으로 오신 메시아 예수 그리스도와 하나님 사이의 대화로 전환시킵니다. 원래의 역사적 문맥을 뛰어넘어 예언과 성취라는 더 넓은 문맥에서 이 본문을 보고 있는 것입니다. 이와 같은 문맥의 전환은 설교자가 현재 다루는 속죄 제도의 변동이라는 주제와 곧바로 연결됩니다. 하나님께서 구약의 속죄 제도에 해당되는 제사, 예물, 번제, 속죄제 같은 것들을 더 이상 원하지 않으셨기에 대신 속죄를 위한 다른 "한 몸"을 준비하셨는데, 아들 예수님이 이와 같은 아버지의 뜻을 이루시기 위하여 준비된 이 몸을 취하시고 자신을 순종의 제물로 드리셨다는 것입니다.

그런데 히브리서에 인용되는 시편 40:6-8이 구약에 기록된 본래의 본문과 정확하게는 일치하지 않음을 알 수 있습니다. 약간의 요약은 충분히 감안할 수 있지만, 조금 더 중요한 차이점이 하나 나타납니다. 다음 두 본문을 대조해 보시기 바랍니다.

시 40:6-8 주께서 내 귀를 통하여 내게 들려 주시기를 제사와 예물을 기뻐하지 아니하시며 번제와 속죄제를 요구하지 아니하신다 하신지라 그 때에 내가 말하기를 내가 왔나이다 나를 가리켜 기록한 것이 두루마리 책에 있나이다 나의 하나님이여 내가 주의 뜻 행하기를 즐기오니 주의 법이 나의 심중에 있나이다 하였나이다

히 10:5-7 하나님이 제사와 예물을 원하지 아니하시고 오직 나를 위하여 한 몸을 예비하셨도다 번제와 속죄제는 기뻐하지 아니하시나니 이에 내가 말하기를 하나님이여 보시옵소서 두루마리 책에 나를 가리켜 기록된 것과 같이 하나님의 뜻을 행하러 왔나이다

바로 발견할 수 있듯이, 시편 본문에 나오는 "주께서 내 귀를 통하여 내게 들려 주시기를"이라는 문구가 히브리서 본문에는 빠져 있고, 대신 시편에는 나오지 않는 "오직 나를 위하여 한 몸을 예비하셨도다"라는 문구가 히브리서 인용문에 들어가 있습니다. 왜 이런 차이가 나타나는 것일까요? 설교자가 구약 본문을 자기 마음대로 바꾸어 놓은 것일까요? 아니면 인용하는 과정에서 실수를 한 것일까요?

이것은 실수도 아니고 자의적인 변경도 아닙니다. 히브리서 설교자는 자신과 그의 청중이 일상적으로 사용하던 칠십인역에서 이 시편 본문을 인용했습니다. 원래의 히브리어 본문을 칠십인역 번역자들이 헬라어로 이미 번역해 놓은 것을 그대로 취하고 있을 뿐입니다. "주께서 내 귀를 통하여"라는 문구는 문자적으로 '당신이 내 귀를 팠다'입니다. 하나님께서 우리의 귀를 파고 그의 말씀을 들려주십니다. 그만큼 우리의 귀가 막혀 있고 주의 말씀을 곧이들으려고 하지 않기 때문입니다. 우리의 귀를 파서라도 들려주시고 싶은 말씀이 있다는 것을 보여 줍니다.

그런데 칠십인역 번역자들이 '당신이 팠다'라는 의미의 히브리어

동사 '카리타'를 헬라어로 번역할 때 '고치다'라는 의미를 가진 헬라어 동사 '카타르티조'를 사용했습니다. 귀를 파서 말씀을 들려주시는 것과 귀를 고쳐서 들려주시는 것을 같은 것으로 보았기 때문입니다. 이렇게 번역되니 약간의 유연성이 생겼습니다. '카타르티조'에 '준비하다'라는 의미도 들어 있기 때문입니다. 그러므로 시편 40:6의 헬라어 본문은 읽기에 따라서 '귀를 고치다'와 '귀를 준비하다'로 볼 수 있습니다.

이를 '귀를 고치다'로 읽으면 이상할 것이 전혀 없습니다만, '귀를 준비하다'로 읽으면 당연히 어색합니다. 그런데 히브리 사람들의 표현 방식 중에는 부분을 전체로, 또는 전체를 부분으로 나타내는 방식이 있습니다. 예를 들어, "내 입이 주님을 찬양합니다"라고 할 때 꼭 입만 찬양한다는 의미가 아닙니다. 내 인격 전체가 주님을 찬양한다는 것을 이처럼 표현한 것입니다. 마찬가지로, 신체의 한 부분인 '귀'가 인격체 전체인 '몸'을 대신하는 것이라고 이해하면, '귀를 준비하다'를 '몸을 준비하다'로 읽는 것이 가능해집니다. 히브리서 설교자는 이런 방식의 의미 전환을 통하여 '주께서 한 몸을 예비하셨다'라는 의미를 도출해 내고 있는 것입니다.

여기서 중요한 점은 설교자가 이 구절을 통해 밝혀내고자 하는 하나님의 뜻입니다. 하나님께서 더 이상 "제사와 예물과 번제와 속죄제"를 원하지 않는다고 표명하신 만큼 이런 것들을 들고 하나님 앞에 나아가는 일이 이제 의미 없는 일이 되어 버렸습니다. 하나님께서 이런 것들을 대신할 "한 몸"을 준비하셨습니다. 이 뜻을 받들어 그리스도께서 성육신하신 몸으로 세상 속에 들어오신 것입니다. 이전에 다윗이 했던 순종의 말을 이제는 그리스도 자신이 아버지께 드리고 있습니다. "하나님이여 보시옵소서 두루마리 책에 나를 가리켜 기록된 것과 같이 [내가] 하나님의 뜻을 행하러 왔나이다." 그 뜻에 순종하여 그리스도께서 자신의 몸을 우리를 위한 속죄의 제물로 온전히 드리셨습니다. 이 순종의 제사를 하나님께서 기쁘게 받으셨음은 두말할 필요가 없습니다.

3. 단번의 제사의 영원한 효력

구약 시대 제사들의 한계를 지적하기 위해 히브리서 설교자가 비슷한 문구를 반복적으로 사용합니다. 10:1에서는 "늘 드리는 같은 제사로는 나아오는 자들을 언제나 온전하게 할 수 없느니라"라고 하였고, 10:11에서는 "이 제사는 언제나 죄를 없게 하지 못한다"라고 못을 박습니다. 이전의 반복적인 제사들은 죄를 근본적으로 제거하는 능력을 결코 가지지 못하였습니다. 오히려 죄의 '상기자' 역할을 했을 뿐입니다(10:3).

그러나 자기 몸을 제물로 드리신 예수 그리스도의 제사는 하나님께서 기뻐하시는 제사입니다. 아버지의 뜻에 순종하여 이루신 일이기에 가장 확실한 효력을 발휘할 수밖에 없습니다. 생각해 보십시오. 지휘관인 내가 어떤 희생이 요구되는 일을 평소에 신뢰하던 한 부하에게 맡겼는데, 그가 목숨을 무릅쓰고 그 사명을 완수했다고 합시다. 그런데 그 일을 보고받는 중에 "아, 내가 갑자기 계획을 바꾸었네. 자네가 한 일은 아무 소용이 없게 되었어"라고 말한다면 어떤 일이 일어나겠습니까? 다음부터는 아무도 내 말을 따르려고 하지 않을 것입니다. 사람의 일도 이러한데 하나님께는 얼마나 더 그렇겠습니까? 죽음으로 자기의 뜻을 순종하신 아들의 희생을 하나님께서 어떻게 받지 않으시겠습니까? 그것을 아무 쓸모없는 희생이었다고 어떻게 내팽개치실 수 있겠습니까? 그럴 수 없습니다. 아들은 다른 어떤 것으로도 대체할 수 없는 고귀한 존재입니다. 다른 제사는 받지 않는다 할지라도 그 아들의 희생의 제사는 받지 않으실 수 없습니다.

그러므로 그리스도의 제사에는 우리의 죄를 제거하는 근본적인 힘이 있습니다. 아버지께서 친히 준비하신 제사이기 때문에 100% 확실한 효력을 가집니다. 또한 아버지께서 이미 그 제사를 받으셨기에 반복할 필요가 없습니다. 히브리서 설교자는 이 사실을 부각하려고, 그리스도께서 자신을 드리신 일을 "단번에"(헬라어 에파팍스)라는 단어를 사용하여 강조합니다. 그 제사는 한 번으로 영원한 효력을 발휘합니다. 그래서 '영 단번'이라는 말을 쓰는 것입니다. 10:12에서는 "오직 그리스도는 죄를 위하여 한 영원한 제사를 드리시고 하나님 우편에 앉으사"라고 하면서, 10:10에 나오는 "단번에" 대신 "한"(헬라어 미아)이라는 단어를 사용하지만 그 의미는 동일합니다. 그리고 "영원한"으로 번역된 문구는 형용사가 아니고 부사구(에이스 토 디에네케스 = 영원히)입니다. 그러므로 "제사"라는 명사를 수식하지 않고 "드리시고"나 "앉으사"라는 동사를 수식합니다. 어느 동사와 연결되느냐에 따라서 두 가지 독법이 가능합니다. "그리스도가 죄를 위하여 한 제사를 영원히 드리신 후 하나님 우편에 앉으셨다"라고 읽을 수도 있고, "그리스도가 죄를 위하여 한 제사를 드리신 후 하나님 우편에 영원히 앉으셨다"라고 읽을 수도 있습니다. 많은 번역이 대체로 전자의 독법을 취합니다. 다시 말해서, 여기서의 강조점이 그리스도께서 드리신 단 한 번의 제사가 영원히 그 효력을 발휘한다는 사실에 있다고 보는 것입니다. 이러한 독법은 "한 번의 제사로 영원히 온전하게 하셨느니라"(10:14)라고 할 때 "한"(헬라어 미아) 제사와 그 효력의 영원성을 연결한 것을 통해서도 뒷받침됩니다. 이 독법을 취한다면 우리는 '영 단번'이라는 문구를 정당하게 사용할 수 있습니다.

그리스도의 제사가 이와 같은 효력을 가지기 때문에 예수를 믿는 성도들에게는 근본적인 변화가 일어납니다. 이를 나타내기 위해 히브리서 설교자가 믿음의 성도들을 향하여 "우리가 거룩함을 얻었노라"(10:10)라고 말합니다. 이 문구를 문자적으로 옮기면 '우리는 거룩하게 된 자들이다'인데, 성도의 정체성을 명확하게 나타내는 매우 근본적인 표현입니다. '거룩하게 된 자들'을 가리키는 '헤기아스메노이'는 완료형 분사입니다. 10:14에 나오는 '하기아조메노이'(이 경우는 현재 분사, '거룩하게 되어 가는 자들')와 그 의미가 크게 다르지 않습니다. 그러나 굳이 '헤기아스메노이'라는 완료 시제를 사용한 이유는 성도들이 이미 거룩하게 된 상태에 있음을 강조하기 위함입니다. 동일한 이유로, 10:14에서 "그가 거룩하게 된 자들을(하기아조메누스=거룩하게 되어 가는 자들을) … 영원히 온전하게 하셨느니라"라고 할 때 '온전하게 하셨다' 역시 완료 시제로 표현합니다. 우리는 아직 완전한 사람들이 아닙니다. 하지만 그리스도의 순종의 제사는 예수를 믿는 우리를 이미, 그리고 영원히 완전하게 만들어 놓았습니다.

4. 시편 40편의 성취, 그리고 기다림

다윗의 시인 시편 40편은 그의 후손인 예수 그리스도에게서 온전히 성취되었습니다. 이 시는 다윗이 수많은 재앙과 원수들의 공격 앞에서 자신을 구원하신 하나님을 찬양하며, 또한 앞으로도 구하여 주시기를 간구하는 내용입니다. 인생의 다양한 풍파 앞에서도 하나님을 향한 다윗의 한결같은 마음을 잘 표현한 시입니다. 다윗은 오직 하나님의 뜻만을 바라고 그 뜻을 준행하고자 하는 순종의 모습을 보입니다. 이 시가 다윗의 후손 예수 그리스도에게 돌려질 때 그리스도는 이 순종의 가장 대표적인 모습으로 우리 앞에 나타나십니다. "아빠 아버지여 … 이 잔을 내게서 옮기시옵소서 그러나 나의 원대로 마시옵고 아버지의 원대로 하옵소서"(막 14:36). 주님은 우리에게 영원한 속죄를 이루어 주시려는 아버지의 뜻을 받들어 "자기 목숨을 많은 사람의 대속물로"(막 10:45) 기꺼이 내주셨습니다.

이와 같은 그리스도의 순종 덕분에 우리는 이미, 그리고 영원히 "거룩하게 된 자들"입니다. 그리스도의 피를 힘입어 거룩하신 하나님의 천상 보좌 앞으로 담대히 나아가 설 수 있는 자들이 된 것입니다. 더 이상 그림자 차원에 머물 필요 없이 예수 그리스도로 말미암아 "바로 그 하늘"에 나아갈 수 있게 되었습니다. 그러나 우리는 아직 기다림 속에서 살아갑니다. 우리의 "죄를 없이 하시려고" 아버지의 뜻에 순종하여 세상 끝에 나타나신 그리스도께서 이제는 "죄와 상관없이" 두 번째 나타나실 것입니다(9:26, 28). 우리는 그때를 기다립니다. 그 속에서 이미 이루어 주신 "거룩하게 된 자"의 신분을 실제적인 삶 속에서 구현하기 위해 피 흘리기까지 싸움하는 삶을 살도록 부름 받았습니다.

토의를 위한 질문

1. 10:1을 읽을 때 주의해야 할 점은 무엇입니까? 구약 시대 속죄일의 기능은 무엇입니까? 어떤 사건을 통해 제사가 종료되었습니까?

2. 저자는 시편 40편을 통해 어떤 사실을 부각합니까? 예수님은 왜 인간의 몸을 입고 이 땅에 오셨습니까?

3. 하나님께서는 왜 예수님의 희생 제사를 받으실 수밖에 없습니까? 예수님께서 드리신 희생 제사는 어떤 효력을 갖습니까?

4. 순종으로 대속의 성취를 이루신 예수님은 죄와 상관없이 다시 오실 것입니다. 우리는 어떤 자세로 예수님을 기다리며 살아가야 합니까?

5. 나(공동체)는 예수님의 속죄 사역을 풍성하게 누리고 있습니까? 어떻게 해야 더욱 풍성하게 누릴 수 있을까요?

믿음의 담대함으로 기다림

10:32, 34-35, 39, 11:1-2

10:32, 34-35, 39 전날에 너희가 빛을 받은 후에 고난의 큰 싸움을 견
디어 낸 것을 생각하라 … 너희가 갇힌 자를 동정하고 너희 소유를
빼앗기는 것도 기쁘게 당한 것은 더 낫고 영구한 소유가 있는 줄
앎이라 그러므로 너희 담대함을 버리지 말라 이것이 큰 상을 얻게
하느니라 … 우리는 뒤로 물러가 멸망할 자가 아니요 오직 영혼을
구원함에 이르는 믿음을 가진 자니라

11:1-2 믿음은 바라는 것들의 실상이요 보이지 않는 것들의 증거니
선진들이 이로써 증거를 얻었느니라

1. 11:1-2에 대한 흔한 오해

많은 사람이 11:1-2을 문맥과 상관없이 읽는 경향이 있습니다. 많은 설교자가 또한 이 본문을 그런 방식으로 설교해 왔습니다. 믿음은 바라는 것들, 곧 내가 꿈꾸고 소망하는 것들의 실상이고 증거라 하였

으니 꿈이 이미 이루어졌다고 믿고 오늘 내 손에 그것을 쥔 것처럼 생각하라는 것입니다. 비록 꿈꾸는 그것이 지금은 눈에 보이지 않지만 믿음을 가지면 마치 당장 가진 것처럼 볼 수 있다는 것입니다. 그래서 믿음을 자신의 꿈을 달성하기 위한 하나의 도구처럼 인식합니다.

좀 더 실제적으로 제시되는 미래의 소망은 대체로 물질적이고 이 세상에 속한 것들입니다. 사업 성공이나 일류 대학 입학, 또는 큰돈을 벌거나 선호하는 직업을 얻는 일 등입니다. 바라는 그것을 믿음으로 그려 보면 마침내 실현된다는 것이지요. 그러니 굳센 믿음을 가지라고 합니다. 다 틀린 말은 아닐 것입니다. 그러나 본문이 우리에게 이야기하고자 하는 내용과는 거리가 멉니다.

어떤 사람이 이런 방식으로 이 말씀을 적용하여 '나는 오백만 원 월급 받는 사람이 아니라 한 달에 오천만 원 버는 사람이 되겠다'는 자신의 꿈을 마침내 이루었다고 해 봅시다. 물론 어떤 면에서는 좋은 일이기는 하지만, 한 달에 오백만 원을 받든지 아니면 오천만 원을 벌든지 그 모두가 이 세상에 속한 일입니다. 믿음은 이 세상의 성공을 이루는 수단이 아닙니다. 그런데 많은 사람이 그런 것으로 전락시킵니다. 그리고 이것이 11:1-2이 말하는 내용이라고 주장합니다.

이러한 오해가 생기는 가장 일차적인 이유는 앞뒤 문맥을 잘 고려하지 않아서 그렇습니다. '믿음'이라는 주제는 11:1-2에서 불쑥 튀어나온 내용이 아닙니다. 바로 그 앞 절을 보십시오. "우리는 뒤로 물러가 멸망할 자가 아니요 오직 영혼을 구원함에 이르는 믿음을 가진 자니라"(10:39). 여기에 이어서 "믿음은 바라는 것들의 실상이요 보이지 않는 것들의 증거"라고 믿음을 정의합니다. 좀 더 세밀하게 보면, 11:1은 바로 앞 절에서 언급한 믿음을 이어받아 "그런데(헬라어 접속사데[de] 사용) 이 믿음이란 것이 바로 이런 것이다"라는 방식으로 연결됩니다.

"바라는 것들"을 문자적으로 옮기면 '소망 되는 것들'입니다. 우리 신자들에 의해 소망 되는 것들을 말하는 것이겠지요? 그러므로 소망하는 주체는 말할 것도 없이 우리 신자들입니다. 그런데 그 소망하는 대상이 무엇일까요? 10:36에 "너희에게 인내가 필요함은 너희가 하나님의 뜻을 행한 후에 약속하신 것을 받기 위함이라"라는 말씀이 나옵니다. 여기서 "인내"가 소망의 또 다른 이름입니다. 소망 가운데 인내하며 우리가 받기를 바라는 것은 다름 아닌 "약속(하신 것)"입니다. 곧 하나님께서 우리를 위해 준비하시고 우리에게 주기로 약속하신 그것을 우리가 소망하는 것입니다. 이 약속은 우리 편에서 보면 "바라는 것들"이지만, 하나님 편에서 보면 하나님께서 우리를 위해 마련해 놓으신 것들입니다.

그러므로 "믿음은 바라는 것들의 실상이요 보이지 않는 것들의 증거"라는 11:1의 말씀은 행위의 주체인 '우리'를 살려서 읽으면 "믿음은 우리가 바라는 것들의 실상이요 우리가 보지 못하는 것들의 증거"라고 더 구체화할 수 있습니다. 한 걸음 더 나아가, '우리' 대신 '하나님'으로 주체로 바꾸면 그 의미가 더 명확해집니다. 곧 "믿음은 하나님께서 주기로 약속하신 것들의 실상이요 하나님께서 현실로 마련해 놓으신 것들의 증거"입니다. 하나님께서 우리를 위해 마련하신 그것들이 지금은 비록 눈에 보이지 않지만, 마치 손에 잡히는 "실상"처럼, 또 눈에 보이는 "증거"처럼 그 실체를 우리에게 확실히 경험시켜 주는 것이 바로 믿음이라는 것입니다. 그러므로 믿음이 우리를 이끌어 가는 곳은 내가 꿈꾸는 나 자신의 성공이나 이 세상 차원의 축복이 아닙니다. 믿음은 우리를 하나님의 약속, 곧 하나님께서 우리를 위해 마련하신 그분의 영원한 복락 속으로 인도합니다.

2. 더 낫고 영구한 소유

이런 믿음이 있었기 때문에 히브리서의 수신자들은 그 사회에서 당하는 큰 핍박과 시련을 잘 이겨 낼 수 있었습니다. 이 사실이 10:32-34에서 매우 구체적으로 묘사됩니다. "전날에 너희가 빛을 받은 후에 고난의 큰 싸움을 견디어 낸 것을 생각하라 혹은 비방과 환난으로써 사람에게 구경거리가 되고 혹은 이런 형편에 있는 자들과 사귀는 자가 되었으니 너희가 갇힌 자를 동정하고 너희 소유를 빼앗기는 것도 기쁘게 당한 것은 더 낫고 영구한 소유가 있는 줄 앎이라."

여기에 나오는 핍박의 경험이 구체적으로 언제 어떤 방식으로 일어났던 일이었는지 정확히 짚어 내기는 매우 어렵습니다. 이는 히브리서의 수신자가 구체적으로 누구인가 하는 문제와 직결됩니다. 이 부분에 대해서는 여전히 확정적인 답이 없습니다. 가장 근접한 제안은 로마에 살고 있는 유대인 출신 그리스도인들을 그 일차적인 수신자로 보는 견해입니다. 이는 13:24에서 저자와 함께 문안 인사를 하는 사람 중에 "이달리야에서 온 자들"이 포함된 것을 통해 추론할 수 있습니다. 이들이 이 편지를 받는 사람들, 곧 자기가 살던 곳의 동료 그리스도인들에게 저자와 함께 안부를 전하고 있는 것입니다.

본서의 서론에서 살펴보았듯이, "이달리야에서 온 자들"이라는 표현과 동일한 표현이 사도행전 18:1-2에도 나옵니다. "그 후에 바울이 아덴을 떠나 고린도에 이르러 아굴라라 하는 본도에서 난 유대인 한 사람을 만나니 글라우디오가 모든 유대인을 명하여 로마에서 떠나라 한 고로 그가 그 아내 브리스길라와 함께 이달리야로부터 새로 온지라." 이때의 "이달리야"는 말할 것도 없이 로마를 가리킵니다. 브리스길라와 아굴라로 대표되는 로마의 유대인 그리스도인들은 글라우디오(Claudius) 황제의 칙령으로 말미암아 로마에서 추방되었고 그 재산과 산업을 탈취당하는 아픈 경험을 겪었습니다.

이 일은 A.D. 49년에 일어났던 일로, 로마의 역사가 수에토니우스(Suetonius)가 언급하는 것처럼, "크레스투스 선동으로 인하여" 로마에서 유대인들을 축출한 사건을 가리킵니다. 로마의 유대인 사회 속에서 메시아(헬라어로는 크리스토스) 논쟁이 일어났고 이 일을 계기로 그리스도를 믿는 유대인들이 공개적으로 수모와 핍박과 축출을 당했습니다. 이 사건은 클라우디우스 황제의 죽음으로 말미암아 일단락되었습니다. 그러나 핍박의 불씨는 여전히 살아 있었고, 클라우디우스를 이어 황제가 된 네로 때에는 이전보다 더 큰 핍박의 그림자가 서서히 다가오고 있었습니다.

우리는 이러한 일이 히브리서 기록의 실제적 배경이라고 봅니다. 히브리서의 수신자 교회가 "전날에"(곧 클라우디우스 황제 치하에서) 당하였던 "비방"(=공개적 "수모", 11:26)이나 "구경거리"(=공개적 수치의 대상), "빼앗기는 것"(=약탈 행위) 등은 결코 유쾌한 경험이 아닙니다. 오히려 고통스럽고 쓰라린 경험이 아닐 수 없습니다. 그러나 이들은 이런 모든 일을 기쁘게 당하였다고 말합니다. 중요한 것은 그 이유입니다. "더 낫고 영구한 소유가 있는 줄 앎이라." 바로 이것이 그 이유입니다. 뉘앙스를 살려서 좀 더 세밀하게 번역하면 이렇습니다. "이는 보다 더 낫고 영구한 소유를 너희 각자가 가지고 있음을 알기 때문이다." 여기서 "보다 더 낫고 영구한 소유"는 하나님께서 믿는 자들을 위하여 예비하신 것들을 가리킵니다. 하나님께서 그것을 믿는 자들에게 약속으로 주셨습니다. 신자들은 이것을 장차 실물로 수령하겠지만, 지금 현재적으로도 믿음 안에서 이를 가지고 있습니다. 그리고 신자들 각자가 다 가지고 있습니다.

신자가 가진 땅 위의 소유는 박해자들이 탈취하는 대상이 될 수 있습니다. 정성껏 가꾸어 온 삶의 터전을 아무 이유도 없이 한순간에 빼앗긴다는 것은 참으로 가슴 아픈 일이 아닐 수 없습니다. 그러나 그런 순간에도 신자는 세상 사람들이 손댈 수도, 빼앗을 수도 없는 더 나은 소유가 자신에게 있음을 믿음의 눈으로 확인합니다. 그렇기에 하나님께서 그들을 위해 마련하신 것들로 인하여 기뻐할 수 있는 것입니다.

이를 바탕으로 히브리서 설교자가 그의 청중을 향하여 "그러므로 너희 담대함을 버리지 말라 이것이 큰 상을 얻게 하느니라"라고 권면합니다. 성도의 담대함은 믿음에서 나오는 담대함입니다. 또한 하나님의 약속의 확실성에서 비롯되는 담대함입니다. 이 담대함은 하나님께서 친히 발행해 주신 하나의 보증 수표와 같습니다. 이것을 끝까지 잘 간직하기만 하면 그 끝에 "큰 상"이 따라옵니다. 이 "큰 상"은 다름 아닌 "더 낫고 영구한 소유"(10:34)요, 하나님이 "약속하신 것"(10:36)입니다. 히브리서는 하나님을 믿는 자들에게 "상 주시는 이"(11:6)로 소개하며, 모세는 이 "상 주심"(11:26)을 바라보면서 애굽의 모든 보화보다 오히려 "그리스도를 위하여 받는 수모"를 선택하였다고 설명합니다.

성도들은 세상에서 가진 것들에 대해 너무 집착해서는 안 됩니다. 그리고 세상의 더 좋은 것들을 얻기 위해 믿음을 수단처럼 사용하려고 해서도 안 됩니다. 신자들은 하나님께서 예비하신 더 좋은 것들을 사모하는 사람들입니다. 믿음은 이 보이지 않는 것들을 볼 수 있게 해 주는 통로입니다. 믿음은 하나님께서 "약속하신 것"이 바로 나를 위한 것임을 확증하는 "실상"(=객관적 보증)이요 "증거"입니다. 그러므로 큰 믿음을 가지면 더 큰 '나의' 꿈을 이루게 되는 것이 아니라, 나를 위한 하나님의 더 나은 약속의 선물을 수령하게 되는 것입니다. 우리에게 이런 믿음이 있어야 세상을 능히 이길 수 있습니다.

3. 하박국 2:3-4의 성취

하나님은 우리가 눈앞의 박해와 시련을 두려워하여 "뒤로 물러가 멸망할 자"가 되는 것을 원하지 않으십니다. 오히려 담대함을 가져 능히 세상을 이기는 믿음의 사람이 되기를 기뻐하십니다. 이 사실을 보여 주려고 히브리서 설교자가 하박국 2:3-4의 말씀을 인용합니다. 그런데 그 내용이 구약의 본문과 약간 다릅니다. 다음을 비교해 보시기 바랍니다.

> **합 2:3-4, 개역개정** 이 묵시는 정한 때가 있나니 그 종말이 속히 이르겠고 … 비록 더딜지라도 기다리라 지체되지 않고 반드시 응하리라 보라 그의 마음은 교만하며 그 속에서 정직하지 못하나 의인은 그의 믿음으로 말미암아 살리라

합 2:3-4, 칠십인역 그 묵시가 더딜지라도 기다리라 왜냐하면 그것이 오되 [반드시] 올 것이요 지체하지 않으리라 만일 그가 물러서면 내 마음이 그를 기뻐하지 않지만 의인은 나의 믿음으로 살리라

히 10:37-38 잠시 잠깐 후면 오실 이가 오시리니 지체하지 아니하시리라 나의 의인은 믿음으로 말미암아 살리라 또한 뒤로 물러가면 내 마음이 그를 기뻐하지 아니하리라

하박국 본문은 하나님께서 하박국의 도발적인 질문에 응답하시는 내용입니다. 하박국은 의로우신 하나님께서 왜 불의와 악을 그냥 내버려 두시느냐고 따져 묻습니다. 그뿐만 아니라 비록 이스라엘이 벌을 받아 마땅한 것은 사실이지만, 어떻게 자기 백성을 벌하시기 위해 그 백성보다 더 악한 바벨론 같은 민족을 사용하시느냐고 따집니다. 이에 대하여 하나님은 선지자의 마음을 시원하게 해 주는 답을 당장 주지는 않으십니다. 오히려 한 묵시를 주시고, 그것이 이루어질 때까지 인내와 믿음의 삶을 살라고 하십니다.

하나님께서는 약속의 때가 이를 때까지 하나님을 의뢰하는 믿음의 사람이 가져야 할 삶의 자세가 무엇인지 이 본문을 통하여 보여주십니다. 이는 그 마음이 교만하여 바른길을 가지 않고 제멋대로 살아가는 어떤 "교만한 사람"과 대조를 이루는 "의인"의 삶의 자세입니다.

히브리서 설교자가 이 하박국 본문을 인용할 때 사용했던 성경은 히브리어 본문이 아니라 그것의 헬라어 번역인 칠십인역이었습니다. 그래서 칠십인역과 히브리서 인용 사이에 유사성이 강하게 나타나

는 것을 볼 수 있습니다. 원래의 구약 본문과 칠십인역의 주요한 차이는, 하나님께서 질책하시는 교만한 한 사람과 하나님께서 기뻐하시는 믿음의 사람(의인) 사이의 대조 관계가 칠십인역에서는 많이 약화되어 있다는 점입니다. 그 대신 하나님께서 기뻐하지 않으시는 두려워 물러서는 자세와 하나님께서 기뻐하시는 믿음의 자세가 서로 대조를 이룹니다. 사람과 사람의 대조에서 자세와 자세의 대조로, 약간의 강조점 변화가 일어납니다. 이는 칠십인역이 원래의 본문을 다소 의역한 데서 온 결과입니다.

히브리서는 칠십인역의 전통을 그대로 따릅니다. 그래서 구약 본문에 자구 그대로 나타나지는 않는 "만일 그가 물러서면 내 마음이 그를 기뻐하지 않는다"라는 문구가 나옵니다. 설교자는 이를 취하면서 그 순서를 바꿉니다. 그가 더 강조하고 싶어 하는 "나의 의인은 믿음으로 말미암아 살리라"를 앞에 내세우고 "뒤로 물러가면 내 마음이 그를 기뻐하지 아니하리라"를 뒤로 돌립니다. 그뿐만 아니라 "나의"의 위치를 "나의 믿음"에서 "나의 의인"으로 바꾸는데, 이렇게 함으로써 "믿음으로 살리라"를 더 부각시킵니다. 하나님의 약속을 받은 사람은 세상의 도전 앞에서도 오직 믿음으로 살되 두려워서 뒷걸음치면 안 된다는 것을 강조하기 위함입니다.

가장 중요한 변경 사항이 하나 더 있습니다. 원래 하박국 본문에서 "반드시 응하리라"("오되 반드시 올 것이라")라고 할 때 그 오는 것은 다름 아닌 "묵시"입니다. 석판에다 새겨서 달려가는 중에도 읽을 수 있도록 한 그 묵시가 하나님께서 정한 때가 되면 반드시 이루어지리라는 것을 하박국이 예언하고 있는 것입니다. 그런데 히브리서 설교자가 "잠시 잠깐 후면 오실 이가 오시리니 지체하지 아니하시리라"라고 인용합니다. "잠시 잠깐 후면"이라는 문구는 하박국이 아니라 이사야 26:20에서 가지고 온 문구입니다. 중요한 것은 "(묵시가) 오되 올 것이라"라는 하박국의 문구를 히브리서 설교자가 "오실 이가 오시리니"로 바꾸었다는 점입니다. 하나님께서 예언으로 주신 묵시가 바로 "오실 이" 예수 그리스도를 가리킨다는 것을 말해 줍니다.

히브리서 설교자는 결국 우리가 하박국 예언의 성취의 시대에 살고 있음을 이야기합니다. 하박국의 믿음은 아직 실체가 뚜렷하지 못한 예언에 대한 것이었지만, 우리의 믿음은 그 실체가 뚜렷이 드러난 성취에 대한 것입니다. 따라서 이 성취의 시대에 우리가 간직하고 살아야 할 믿음은 말할 것도 없이 예수 그리스도를 믿는 믿음으로 더 특정화됩니다. 이 믿음의 사람은 세상의 핍박과 도전 앞에서 물러가 멸망에 빠지지 않고 담대함으로 세상을 이기고 마침내 하나님의 약속을 상으로 얻습니다.

4. 믿음의 담대함으로 기다림의 삶 살아가기

모든 것이 뒤죽박죽이 되어 믿음으로 살기가 너무나 힘들었던 역사의 한 시기에 하나님께서 하박국에게 한 묵시의 예언을 주셨고, 이 예언이 예수 그리스도의 오심 속에서 마침내 성취되었습니다. 단지 묵시만 주셨을 때에도 의인은 이 혼란의 시대를 오직 믿음으로 살아가야 했습니다. 그렇다면 이제 그 묵시의 성취가 이루어진 시대에 살고 있는 우리 그리스도인들은 얼마나 더 믿음으로 말미암아 흔들림 없는 견고한 삶을 살아야만 하겠습니까! 이것은 신약 성도들의 특권이면서 동시에 의무이기도 합니다.

오늘 이 시대에도 성도 앞에 여러 가지 시련이 닥쳐옵니다. 그러나 우리는 하나님의 약속의 말씀을 붙들고 믿음으로 이 모든 것을 이깁니다. 우리에게는 하나님께서 예비하신 "큰 상"을 마침내 얻게 하는 믿음의 "담대함"이 있기 때문입니다. 이 능력을 우리의 모든 삶 속에서 세밀하게 잘 체험하며 살아갔으면 좋겠습니다. 그렇게 하면 이 세상에서의 삶의 집착에서 좀 더 자유로워지는 하늘 시민의 삶이 구현될 수 있습니다.

그리스도인이 현세적 삶에만 집착하는 것은 큰 불행입니다. 더군다나 현세적 꿈의 성취를 위해 믿음을 도구화하는 것은 하나님의 뜻을 정반대 방향으로 옮겨 버리는 몰지각한 행위입니다. 그런데도 이런 일이 설교라는 이름으로 얼마나 버젓이 자행되고 있습니까? 오늘날 조엘 오스틴 식의 현세적 복음이 큰 인기를 얻고 있습니다. 이 사람은 골로새서 3:2의 "위의 것을 생각하고 땅의 것을 생각하지 말라"라는 말씀조차 "너희 마음을 보다 더 높은 것들에 두라"라는 영어 번역을 따라, 성공의 기대치를 높이라는 의미로 해석합니다. 그래서 더 큰 꿈을 이루고 더 큰 성공을 얻기 위해 매일 마음의 자세를 그 목표에 맞추라고 가르칩니다. 이것이 이 사람이 생각하는 큰 믿음을 가지는 일입니다.

얼마나 변질된 믿음을 설교하고 있는지 모릅니다. 그런 방식으로 해서 아무리 큰 성공을 거두었다 하더라도 그것 역시 이 현세적인 일에 지나지 않습니다. 과연 성경이 이것을 우리의 궁극적 목적으로 제시하는 것일까요? 믿음이란 과연 이런 꿈을 이루기 위한 도구에 불과한 것일까요? 왜 이렇게 변질된 설교를 하는 설교자들에게 사람들이 모여들까요? 결국 믿음을 이용해서 자기 욕망을 충족하려는 것이 그 목적이기 때문이 아닐까요? 성취되어야 할 것은 우리의 욕망이 아니라, 우리를 향한 하나님의 목적입니다. 이 목적이 성취되어 가는 곳에서 가장 진정한 의미의 변혁이 일어납니다.

토의를 위한 질문

1. 11:1-2과 관련하여 흔히 일어나는 오해들을 나누어 봅시다. 이 본문의 올바른 의미는 무엇입니까?

2. 히브리서의 첫 수신자 교회(공동체)가 이전에 겪은 고난은 무엇입니까? 오늘날 이런 고난을 겪어야 한다면 어떻게 대처하겠습니까?

3. 하박국 2:2-3을 변형하여 히브리서에 인용하면서 저자가 강조하고자 한 내용은 무엇입니까?

4. 나(공동체)는 어떤 믿음을 가지고 있습니까? 나에게 다가오는 여러 가지 차원의 시련들 속에서 하나님의 어떤 약속이 세상을 이기는 담대함을 줍니까?

믿음의 선진들과 함께 기다림

11:8-10, 13-16, 11:39-40

11:8-10, 13-16 믿음으로 아브라함은 부르심을 받았을 때에 순종하여 장래의 유업으로 받을 땅에 나아갈새 갈 바를 알지 못하고 나아갔으며 믿음으로 그가 이방의 땅에 있는 것 같이 약속의 땅에 거류하여 동일한 약속을 유업으로 함께 받은 이삭 및 야곱과 더불어 장막에 거하였으니 이는 그가 하나님이 계획하시고 지으실 터가 있는 성을 바랐음이라 … 이 사람들은 다 믿음을 따라 죽었으며 약속을 받지 못하였으되 그것들을 멀리서 보고 환영하며 또 땅에서는 외국인과 나그네임을 증언하였으니 그들이 이같이 말하는 것은 자기들이 본향 찾는 자임을 나타냄이라 그들이 나온 바 본향을 생각하였더라면 돌아갈 기회가 있었으려니와 그들이 이제는 더 나은 본향을 사모하니 곧 하늘에 있는 것이라 이러므로 하나님이 그들의 하나님이라 일컬음 받으심을 부끄러워하지 아니하시고 그들을 위하여 한 성을 예비하셨느니라

11:39-40 이 사람들은 다 믿음으로 말미암아 증거를 받았으나 약속된 것을 받지 못하였으니 이는 하나님이 우리를 위하여 더 좋은 것

을 예비하셨은즉 우리가 아니면 그들로 온전함을 이루지 못하게 하려 하심이라

1. 구속사의 맥락에서 11장 읽기

히브리서 11장은 "믿음으로"라는 문구를 문장의 서두에 반복적으로 사용함으로써 이 하나의 주제로 구약 선진들의 삶의 특징을 일관되게 아우릅니다. 선진들의 삶의 상황은 창조의 때로부터 족장 시대, 출애굽 시대, 사사 시대, 왕조 시대, 바벨론 포로 시대를 거치면서 저마다 차이가 많았습니다. 시대마다 제각기 다른 종류의 신앙의 도전들이 닥쳐왔지만, 선진들은 모두 하나의 공통적인 자세, 곧 "믿음으로" 그 모든 도전을 이겨 냈습니다. 이 점은 메시아 도래 이후 종말 시대를 살아가는 1세기 신약 성도들의 상황과도 유사합니다. 그들은 이전 시대의 선조들과는 비교할 수도 없이 가장 특권적인 시대를 살아가고 있습니다. 하지만 그들 앞에 놓인 신앙의 도전은 이전 시대와 다를 바가 없습니다. 히브리서 설교자는 자기 시대의 구체적인 신앙의 도전에 맞서는 신약 성도들이 "믿음으로" 즉 이전 구약 성도들과 동일한 자세로 이 도전을 이겨 내도록 독려하려고 이 단락을 기록한 것입니다.

앞에서 우리는 히브리서 설교자가 예수 그리스도의 우월성을 이야기할 때 한결같이 실천적 권면을 하려는 의도가 있었음을 보았습니다. 이를테면, 천사들이나 선지자들보다 우월하신 아들을 통하여 말씀하신 하나님의 최종적 말씀을 들은 성도들이라면, 그 들은 바의

말씀을 결코 등한히 해서는 안 된다는 것입니다. 더 희미한 계시의 시대에도 옛 성도들이 온전한 믿음으로 살았다면, 이제 가장 확실한 계시가 그 아들을 통해 주어진 시대의 성도들은 얼마나 더 확고한 믿음으로 살아가야 마땅하겠느냐는 것입니다. 이것이 설교자가 이 서신 전체를 통해 사용하고 있는 가장 대표적인 권면의 논리 구조입니다. 더 낮은 차원의 진리를 바탕으로 더 높은 차원의 진리를 강화하여 입증하는 방식인데, 전문적인 용어로 칼 와호메르 방식이라고 부릅니다. 이러한 논리 구조의 작용과 성경의 구체적인 예들에 관해서는 필자의 책 『하물며 진리』(킹덤북스, 2013)를 참고하기 바랍니다.

히브리서 11장 역시 이 논리 구조 안에서 그 이야기가 전개됩니다. 하나님의 구원 역사의 전체 구조를 생각하지 않고, 11장에 소개되는 하나하나의 인물에만 집중하면 자칫 그 인물들을 신앙의 모범 정도로만 인식할 위험성이 높아집니다. 그래서 11장을 바르게 보려면 그 시작과 끝에 무엇이 놓여 있는지를 먼저 보지 않으면 안 됩니다. 지난번에도 강조했던 것처럼, 11:1은 "그런데 여기서 말하는 이 믿음이란 것은…"이라는 방식으로 10장 마지막 부분과 연결되어 있습니다. 거기서 히브리서 설교자가 하박국 2:3에 나오는 "그 묵시가 속히 이르리라"라는 문구를 "오실 이가 오시리라"로 바꾼 것을 살펴보았습니다. "오실 이" 곧 예수 그리스도에 대한 예언의 성취 시대에 살고 있는 우리는 하박국에게 요구되었던 믿음보다 더 확실한 믿음으로 세상의 핍박과 도전에 맞서는 삶을 살아야 한다는 것을 서론 격으로 이야기하고 있는 것입니다.

결론부에 가서도 동일한 이야기를 합니다. 구약 시대의 선진들이 다 저마다의 믿음으로 "증거를 받았"습니다(11:39, 참조. 11:1). 다시 말해서, 각자의 믿음을 통하여 하나님께 인정받았다는 것입니다. 그럼에도 불구하고 그들은 하나님이 약속하신 것을 아직 수령하지는 못하였습니다. 왜냐하면 하나님의 계획 속에 종말 시대의 "우리"가 포함되어 있기 때문입니다. 하나님은 "우리를 위하여 더 좋은 것을 예비하셨"습니다(11:40). 여기서 "우리"는 예수 그리스도께서 구속사의 정점으로 계시된 이후의 시대를 살고 있는 신약 성도들을 가리킵니다. "예비하셨다"로 번역된 단어는 능동태(헬라어 프로블레포)일 때는 '앞서 내다보다'의 의미이지만, 지금처럼 중간태(헬라어 프로블레포마이)로 사용될 때는 '제공하다, 공급하다'라는 뜻입니다. 하나님께서 우리를 위하여 더 좋은 것을 제공하신 일을 볼 때 믿음의 선진들이 아직 약속을 수령하지 못했음이 분명하다는 것입니다. "우리"를 위한 하나님의 배려가 없었다면 이미 약속의 문이 닫히고 말았을 것입니다. 하나님께서 우리를 위하여 제공하신 "더 좋은 것"은 이어서 언급하는 "우리가 아니면 그들로 온전함을 이루지 못하게 하려"는 그것입니다. 구약 선진들이 하나님께서 약속하신 것을 받기에 충분한 사람들이라고 믿음의 인정을 받았음에도 불구하고 하나님께서는 예수 그리스도를 주실 때까지 그 약속 실행을 미루셨고, 때가 되매 그리스도 안에 있는 "우리"까지도 포함하여 그의 약속의 일을 완성하려고 하시는 것입니다.

이처럼 신약 성도들은 구약 성도들보다 훨씬 더 좋은 종말론적 지위와 특권을 누리고 있습니다. 그런데 구약 성도들이 "우리"에 비해 구속사적으로 더 불리한 조건에 있었는데도 그들 앞에 놓인 도전들을 "믿음으로" 잘 극복했고 하나님의 "증거(인정)를 받았"다면, 그들보다 훨씬 더 나은 조건을 가진 신약 성도들은 얼마나 더 믿음으로 승리하는 삶을 살아야 할까요? 이것이 히브리서 설교자가 강조하고자 하는 권면의 핵심입니다.

2. 믿음의 선진들과 그들의 삶의 특징

신약 성도들이 구속사적 측면에서 구약 선진들보다 더 나은 위치에 있는 것은 분명하지만, 그렇다고 우리가 가져야 할 "믿음으로"의 자세가 구약 성도들의 그것과 다를 것은 없습니다. 하나님은 모든 시대의 하나님의 백성이 다 같이 "믿음으로" 살도록 정하여 놓으셨습니다. 구약 시대에나 신약 시대에나 모든 하나님의 백성에게 하나님은 "믿음이 없이는" 그를 기쁘시게 할 수 없는 분이며, 또한 믿음으로 그를 찾는 자들에게 상 주시는 분입니다(11:6).

우리가 믿는 하나님이 이처럼 시대를 초월하여 동일하신 분인 것처럼, 마찬가지로 하나님의 백성이 가져야 할 믿음의 삶의 자세 또한 시대를 초월하여 동일합니다. 대표적으로 아브라함의 예를 생각해 봅시다. 그는 하나님께서 "너의 고향과 친척과 아버지의 집을 떠나라"(창 12:1)라고 명하셨을 때 갈 바를 알지 못하였지만, 하나님을 믿고 모든 미래의 불확실성 앞에 자신을 내던졌습니다. 히브리서 설교자는 가나안 땅에서의 그의 삶의 모습을 "장막에 거하였다"라는 말로 압축하여 표현합니다. 그러면서 그 이유를 "이는 그가 하나님이 계획하시고 지으실 터가 있는 성을 바랐음이라"(11:10)라고 밝힙니다. 여기서 "터가 있는 성"은 지상의 임시 처소인 장막과 대비되는 표현으로, 이어서 나오는 "본향"(11:14), "흔들리지 않는 나라"(12:28),

“장차 올 영구한 도성”(13:14) 등과 같습니다.

중요한 것은 여기에 사용된 동사의 시제입니다. “이는 그가 … 터가 있는 성을 바랐음이라”라고 할 때 ‘바랐다’는 동사는 ‘확신을 가지고 기대한다’는 뜻의 ‘엑데코마이’ 동사의 미완료형입니다. 헬라어에서 미완료형은 과거 시제에 속하는데, 단순히 과거에 발생한 어떤 사건을 가리키는 것이 아니라, 과거 시점에서 지속되고 있던 동작의 상태를 나타냅니다. 이런 의미를 잘 살려서 읽으면 아브라함은 “터가 있는 성”을 계속적으로 기대하고 바라보며 살아가고 있었다는 뜻이 됩니다. 삶의 마지막 순간까지, 약속으로 주신 “터가 있는 성”을 바라보면서 이 세상을 나그네처럼 살아간 아브라함의 삶의 자세를 이 한 단어가 총괄적으로 압축해 줍니다.

이러한 자세는 이어지는 11:14의 진술에서도 잘 나타납니다. “그들이 이같이 말하는 것은 자기들이 본향 찾는 자임을 나타냄이라.” 여기서 “이같이 말한다”라는 것은 바로 그 앞 절에서 아브라함이 헷 족속 앞에서 자신을 “외국인과 나그네”로 증언한 사실을 가리킵니다. 그가 자신을 이렇게 정의했다는 것은 자신이 곧 “본향 찾는 자”임을 분명히 보여 준다는 것입니다. 헬라어 원문은 “찾는 자”라는 명사형이 아닌 “그들이 본향을 찾고 있다”라는 동사형 표현을 사용하는데, 여기에 사용된 ‘찾는다’(헬라어 에피제투신)는 동사는 현재 시제입니다. 헬라어에서 현재 시제 역시 계속 또는 반복되는 동작을 나타냅니다. 이는 곧 아브라함이 본향을 계속하여 찾고 있는 사람임을 보여 줍니다. 11:16에서는 “그들이 이제는 더 나은 본향을 사모하니 곧 하늘에 있는 것이라”라고 말하는데, 이때 ‘사모하다’(헬라어 오레곤타이)라는 동사 역시 현재 시제로, 아브라함이 약속으로 주신 본향을 계속

갈망하는 모습을 나타내 줍니다.

계속하여 기다리며 바라보는 사람, 계속하여 찾고 있는 사람, 계속하여 사모하는 사람, 이것이 땅 위에서의 아브라함의 모습입니다. 그런데 히브리서 설교자는 이런 모습이 믿음의 조상 아브라함에게만 국한된다고 보지 않습니다. 종말 시대를 살아가는 신약 성도들 역시 이와 같은 계속적인 기다림과 찾음의 사람임을 강조합니다. 13:14이 이를 잘 보여 줍니다. 신약 성도들 역시 "여기에는 영구한 도성이 없으므로 장차 올 것을 찾"는 사람들이라고 말합니다. 이 구절에서도 우리가 '찾는다'(헬라어 에피제투멘)라고 할 때 현재 시제를 사용합니다. 다시 말해서, 우리 그리스도인들은 계속하여 영구한 도성을 찾고 있는 사람들이라는 것입니다.

물론 이런 표현이, 우리가 확실한 것을 아직 가지지 못해서 계속 찾기만 하는 사람임을 말하는 것은 아닙니다. 하나님은 우리에게 최종적이고 확실한 것을 이미 주셨습니다. 그리스도께서 우리의 선도자가 되사 그 영원한 곳으로 들어가셨습니다(6:20). 우리 또한 그와 함께 그 영원한 곳에 이르러 있습니다(12:22). 다만 지금 상태에서 우리가 가진 것은 그리스도 안에서의 현실에 근거한 하나님의 약속입니다. 이 약속을 붙들고 이 세상을 살아가는 성도의 모습이 다름 아닌 계속하여 찾고 기다리며 사모하는 모습이라는 것입니다.

3. 세상 속 나그네들, 그리고 나그네들의 하나님

바로 이런 이유 때문에 아브라함이 자신을 "땅에서는 외국인과 나그네임을 증언하였"다(11:13)고 말하는 것입니다. 아브라함이 언제 이런 증언(고백)을 하였습니까? 사랑하는 아내 사라가 죽은 후 그녀의 매장지를 위해 헷 족속에게서 막벨라 굴을 살 때 그들 앞에서 자신을 그 땅의 "나그네요 거류하는 자"로 고백합니다(창 23:4). 아브라함은 하나님께서 약속으로 주신 가나안 땅에 들어갔으므로 그 땅에서 얼마든지 주인 의식을 가질 수 있었습니다. 그러나 단지 땅에서의 체류 방식을 넘어 더 본질적 차원에서 자신을 이 세상의 나그네로 인식한 것입니다. 이는 그가 하나님의 영구한 약속을 계속적으로 바라보며 살아갔다는 진술과도 일치합니다. 우리가 그 어떤 정착지를 가졌더라도 우리는 본질적 차원에서 이 세상의 나그네로 살아가는 약속 지향적 존재들입니다.

히브리서 설교자가 이런 고백적 삶의 자세에 대한 하나님의 반응을 소개합니다. "이러므로 하나님이 그들의 하나님이라 일컬음 받으심을 부끄러워하지 아니하시고 그들을 위하여 한 성을 예비하셨느니라"(11:16). 여기서 "그들의 하나님"은 아브라함의 하나님, 이삭의 하나님, 야곱의 하나님을 가리킵니다. 그런데 그들은 세상 속에서 자신을 "외국인과 나그네"로 고백하였던 사람들입니다. 그러므로 "그들의 하나님"은 곧 이런 나그네들의 하나님을 지칭합니다. 사실 이 이름은 결코 영예롭거나 자랑스러운 이름이 아닙니다. 왜냐하면 세상적 관점에서 볼 때 이 나그네들은 한 사회의 주변인들, 곧 변두리 사람들이기 때문입니다. 파키스탄과 같은 이슬람 국가에 가면 그리스도인들은 그 사회의 주변인들입니다. 늘 경멸과 천대의 대상이 됩니다. 그들이 사는 곳도 마을의 하수나 오물이 모이는 가장 더러운 곳입니다. 이것이 주류 사회 속에서 나그네들이 당하는 수치요 서러

움입니다. 그렇다면 그런 사람들의 하나님이라는 이름이 영예로운 이름이 될 수 있을까요? 이 역시 수치의 이름이 아닐 수 없습니다.

하지만 하나님께서 자신을 바로 그런 사람들의 하나님이라고 칭하고 계십니다. 그들과 자신을 하나로 묶으시는 것입니다. 그리고 이것을 부끄러워하지 않으십니다. 세상 속에서 자기 백성이 당하는 대접은 수치와 치욕이지만, 하나님은 그 수치를 자신의 것으로 짊어지심을 통해 자신의 영광을 나타내십니다. 세상 속에서 그들의 처소는 하수구와 오물통 근처이지만, 하나님께서는 그들을 위하여 영광스러운 한 성을 예비하셨습니다. 그와 그의 백성이 영원히 함께할 성입니다. 하나님은 그의 백성이 당하는 세상 속에서의 수치를 자신의 영광으로 감싸 주십니다.

이런 수치와 영광의 역설을 보지 못하면 우리는 세상의 영광을 추구하다가 하나님의 영광을 잃어버리는 위험에 빠지고 맙니다. 모세는 "바로의 공주의 아들"이라는 영광의 이름을 버리고 그 당시 가장 수치의 이름이었던 히브리인들과 함께 고난받는 길을 선택하였습니다. 이를 통해 그는 "그리스도를 위하여 받는 수모"에 참여하게 되었고, 하나님의 영광을 온전히 경험할 수 있었습니다(11:24-26). 가장 영광스러운 하나님께서 세상의 가장 수치스러운 자들과 자신을 하나로 묶으시는 이 놀라운 영광의 비밀을 우리가 잘 알아야 하겠습니다.

이전에 개척하여 목회하던 한 교회에 영은이(가명)라는 한 학생이 출석하고 있었습니다. 기특하게도 주일학교에 참 열심히 나오는 아이였습니다. 그런데 조금씩 그 가정 형편을 알고 보니 무척 딱한 사정이 있었습니다. 아버지 없이 어머니와 함께 살고 있었고, 어머니가 희귀한 병을 앓고 있었습니다. 식도와 위가 다 말라 버려서 입으로 음식을 섭취할 수 없었고 장에 삽관을 하여 유동식을 직접 넣어야 한다고 했습니다. 그 어머니를 심방하여 위로하고 함께 예배드리러 나오라고 권하였습니다. 그분에게는 이것이 쉬운 일이 아니었습니다. 배고픔을 느낄 수가 없기 때문에 시간 맞추어 유동식을 넣어 주지 않으면 탈진하여 쓰러질 수도 있는 상황이었습니다. 그분이 큰 결단을 하고 예배에 참석하던 날 평소에 빠지지 않고 교회에 잘 나오던 영은이가 보이지 않았습니다.

엄마가 그런 모습을 하고 사람들 앞에 나타나는 것이 영은이에게는 부끄러웠던 모양입니다. 예민한 시기에 충분히 그럴 수 있었으리라 봅니다. 남들은 들어보지도 못한 이상한 질병을 앓고 살아가는 엄마의 모습이 어린 나이에 얼마나 부끄러웠을까요? 하지만 영은이도 엄마를 이해할 시간이 오겠지요. 자기 한 몸 지탱하기도 힘든 상태에서 다른 곳에 맡길 수도 있는 딸을 끌어안고 다른 아이들 못지않게 잘 키워 보겠다고 남들보다 열 배 스무 배 애를 쓰고 있는 그 엄마의 마음을 안다면 영은이에게 엄마는 부끄러움이 아니라 오히려 자랑이요 영광의 대상이 아닐 수 없습니다.

하나님께서 그 아들 예수 그리스도의 수모 속에서 우리의 수치를 끌어안으십니다. 예수님은 우리가 잃어버린 하나님의 영광으로 우리를 이끌어 주시는 "구원의 창시자"가 되시기 위하여 우리를 "형제라 부르시기를 부끄러워하지" 않으셨습니다(2:10-11). 마찬가지로, 하나님께서도 세상의 주변인이요 나그네 된 우리를 자기 백성으로 택하셔서 "그들의 하나님" 곧 세상의 변두리인들의 하나님이라는 이름으로 불리기를 부끄러워하지 않으셨습니다. 이런 하나님이 우리의 하나님이십니다. 우리를 위하여 그분이 당하신 수모가 우리의 영광입니다.

4. 믿음의 선진들과 함께 기다림의 삶 살아가기

11장에 나오는 믿음의 선진들의 이야기를 영웅담으로 읽고 접근하면 때로 역효과가 일어날 수도 있습니다. 그런 놀라운 믿음이 나에게는 없는데, 그렇다면 나는 믿음에 실패한 사람이 아닐까? 나도 무언가 영웅적인 믿음을 가져야 이런 명예의 전당에 이름을 올릴 수 있지 않을까? 만일 이렇게 생각한다면 히브리서 11장을 통해 격려를 받기보다 오히려 부담과 좌절감을 느끼기 쉽습니다. 히브리서 설교자가 우리에게 부담을 주려고 영웅열전을 쓰고 있는 것이 아닙니다.

오히려 그들이 살아 내었던 "믿음으로"의 삶이 오늘 우리의 인내와 기다림의 삶과 전혀 다를 것이 없음을 알려 주려는 것이 히브리서 설교자의 목적입니다. 아니, 오늘 우리는 구약 선진들이 누리지 못하였던, 예언된 메시아 예수 그리스도의 실체를 누리는 사람들인 만큼 그들보다 더 온전하고 확고한 믿음을 얻었습니다. 종말 세대의 우리가 아니면 그들 또한 온전함을 이루지 못하도록 만들어 놓으신 하나님의 무한한 은혜의 배려를 우리가 허락받지 않았습니까? 자기 몫의 경주를 먼저 잘 마친 그들이 우리 차례의 경주를 잘 마치도록 우리를 열렬히 응원하고 있습니다. 우리가 이길 때 그들도 함께 이길 수 있기 때문입니다. 우리는 놀라운 특권을 받은 마지막 릴레이 주자들입니다. 우리의 믿음의 창시자요 종결자가 되시는 예수 그리스도를 바라보면서 우리 차례의 믿음의 경주를 인내의 기다림으로 힘써 살 날려 내야 합니다.

이것은 결코 무거운 경주가 아닙니다. 세상의 헛된 영광에 현혹되어 내심으로는 그 영광을 좇아가면서 겉으로는 하나님의 길을 따르는 척할 때 이 경주만큼 힘든 경주도 없을 것입니다. 반면, 가장 수치스러운 우리를 부끄러워하지 않으시고 십자가의 수모로 우리의 수치를 껴안으신 예수 그리스도를 바라보며, 주님과 함께 기꺼이 세상의 수치를 껴안는 십자가의 삶을 살 때 우리 속에는 하나님의 영광이 환히 빛나게 될 것입니다.

토의를 위한 질문

1. 저자가 11장에서 반복하여 사용하는 문구는 무엇입니까? 반복하는 목적이 무엇입니까? 구약 시대 선진들은 무엇을 믿었습니까?

2. 구약 선진들, 특히 아브라함의 삶의 특징은 무엇입니까? 그가 보여 준 삶의 특징이 우리에게 어떤 교훈을 줍니까?

3. 믿음으로 살았던 구약 선진들에 대해 하나님께서 어떤 반응을 보이셨습니까? 하나님이 "그들의 하나님"(11:16)이라 일컬음 받는 것은 어떤 의미입니까?

4. 옛 선진들과 비교하여 오늘날 우리가 가진 특권은 무엇입니까?

5. 나(공동체)에게 구약 선진들의 믿음과 이에 대한 하나님의 반응은 어떤 도전을 줍니까?

훈육과 거룩의 공동체로서 기다림

12:4-8, 12:14-16

12:4-8 너희가 죄와 싸우되 아직 피 흘리기까지는 대항하지 아니하고 또 아들들에게 권하신 것 같이 너희에게 권면하신 말씀도 잊었도다 일렀으되 내 아들아 주의 징계하심을 경히 여기지 말며 그에게 꾸지람을 받을 때에 낙심하지 말라 주께서 그 사랑하시는 자를 징계하시고 그가 받아들이시는 아들마다 채찍질하심이라 하였으니 너희가 참음은 징계를 받기 위함이라 하나님이 아들과 같이 너희를 대우하시나니 어찌 아버지가 징계하지 않는 아들이 있으리요 징계는 다 받는 것이거늘 너희에게 없으면 사생자요 친아들이 아니니라

12:14-16 모든 사람과 더불어 화평함과 거룩함을 따르라 이것이 없이는 아무도 주를 보지 못하리라 너희는 하나님의 은혜에 이르지 못하는 자가 없도록 하고 또 쓴 뿌리가 나서 괴롭게 하여 많은 사람이 이로 말미암아 더럽게 되지 않게 하며 음행하는 자와 혹 한 그릇 음식을 위하여 장자의 명분을 판 에서와 같이 망령된 자가 없도록 살피라

1. 현실에서의 도전과 그것을 바라보는 눈

12장에서는 이 세상 속에서의 성도의 삶을 트랙 경주에 비교합니다. 12:1-2의 주동사는 "경주하자"라는 청유형 동사입니다. 이 경주를 잘 마치기 위한 우선적인 조건은 "모든 무거운 것과 얽매이기 쉬운 죄를 벗어" 버리는 것입니다. 그리고 또 다른 조건은 "믿음의 창시자요 종결자인 예수를 바라보"는 것입니다. "믿음의 주요 또 온전하게 하시는 이인 예수를 바라보자"라는 우리말 번역은 두 가지 면에서 수정이 필요합니다. 첫 번째, "믿음의 주"라고 할 때 히브리서 설교자가 사용한 단어가 '아르케고스'인데, 이는 앞서 2:10에서 "구원의 창시자"라고 할 때 한 번 나왔던 단어입니다. 그렇다면 여기에서도 이 단어를 '주'로 번역하지 말고 '창시자'로 통일하는 것이 좋겠습니다. 이 표현을 통해 설교자가 강조하려는 내용은 예수 그리스도의 '주' 되심이 아니라, 그가 우리 믿음의 시원자(始原者)가 되신다는 사실입니다. 동시에 그 믿음의 종결자가 되시는 분입니다. 그러므로 우리의 믿음의 경주는 처음부터 끝까지 이 예수님께 의존할 수밖에 없습니다. 두 번째, "예수를 바라보자"라는 부분인데, 실제로는 "바라보자"가 주동사가 아닙니다. 앞에서 언급했듯이 주동사는 "경주하자"이고, 그 경주의 조건을 나타내는 동사가 "바라보면서"입니다.

전체를 다시 정리해 보면 이와 같습니다. "믿음의 창시자요 종결자인 예수를 지속적으로 바라보면서 인내로써 우리 앞에 놓인 경주를 계속 달려가자!" 우리는 계속 달려 나가야 합니다. 멈추어서는 안 됩니다. 멈추고 싶은 유혹이 계속 닥쳐옵니다. 우리의 손은 이미 피곤하여 늘어져 있고 무릎도 힘이 빠져 곧 쓰러질 것만 같습니다. 그러나 여기서 멈출 수 없습니다. 왜냐하면 고지가 바로 눈앞에 있기 때문입니다. 히브리서 설교자는 곧 쓰러질 것만 같은 그의 청중을 향하여 "너희 발을 위하여 곧은 길을 만들어 저는 다리로 하여금 어그러지지 않고 고침을 받게 하라"(12:13)라고 권면합니다. 그들 앞에 놓인 안과 밖으로부터의 도전을 믿음의 힘으로 잘 극복해야만 합니다. 이 고비만 넘어가면 하나님께서 예비하신 최종 목적지에 곧장 도달할 수 있으므로 여기서 멈출 수는 없는 것입니다.

1세기의 성도들이 왜 이와 같은 위기를 당했을까요? 첫 번째, 그들의 느슨해진 자세 때문입니다. 히브리서 설교자가 그들을 향하여 "너희가 죄와 싸우되 아직 피흘리기까지는 대항하지 아니하"였다고 지적합니다(12:4). 이는 개인이 아니라 공동체를 향한 말씀입니다. 이 믿음의 공동체는 "죄인들이 이같이 자기에게 거역한 일을 참으신"(12:3) 예수님을 깊이 생각해야 합니다. 그 동일한 도전이 거역하는 죄인들에 의해 지금도 이 공동체를 향하여 다가오고 있기 때문입니다. 이런 맥락에서 '죄와 싸운다'는 것은 단지 개인적이고 내면적인 죄와의 투쟁을 이야기하는 것이 아니라, 주님에게 하였던 것처럼 주님의 교회를 적대하는 "죄인들"과의 공동체 차원에서의 투쟁을 이야기하는 것입니다. 그렇다면 '피 흘리기까지 대항하지 아니하였다'는 말은 이 공동체 안에서 순교자가 나올 정도로까지 나가지는 않았다는 뜻입니다. 그런데도 지레 겁을 먹고 뒤로 물러날 생각을 하고 있다면 그들이 달려 내어야 할 믿음의 경주에 크게 지장이 생길 수밖에 없습니다.

이 공동체가 위기를 당하는 또 다른 이유는 현재의 박해 상황을 바르게 해석할 수 있도록 해 주는 말씀의 관점을 망각하였기 때문입니다. 이 사실을 설교자가 단도직입적으로 지적합니다. 아들들에게 권하시는 것같이 하시는 권면(의 말씀)을 너희가 잊어버렸다고 합니다(12:5). 여기서 중요한 것은 "아들들에게 권하시는 것 같이"라는 문구입니다. 주변 세계로부터 오는 현재의 적대적인 상황은 그 자체가 달가운 것은 아닙니다. 그러나 이런 어려움은 우리가 하나님의 자녀들이라는 사실을 확인해 주는 기회입니다. 하나님께서는 우리를 사랑하시는 자녀로 여기시기 때문에 세상으로부터의 시련을 통해 우리 속에 세상과는 구별된 성도의 자아 정체성을 분명히 각인해 주려고 하십니다. 우리가 하나님의 계획을 망각하고 보지 못한다면 시련이 아무런 유익도 주지 못합니다.

우리 앞에는 우리의 경주를 방해하는 장애물들이 계속 닥쳐오고 있습니다. 그러나 그런 현실을 허락하시는 하나님의 속 깊은 뜻이 무엇인지를 헤아리면서 우리는 멈추지 말고 믿음의 경주를 계속해 나가야 합니다. 이를 권면하고자 하는 것이 이 부분에서 설교자의 의도입니다. 개인 차원을 넘어 공동체 차원에서 우리의 믿음의 싸움은 공동체 외적 측면과 내적 측면이라는 두 가지 전선으로 나누어집니다.

2. 밖으로부터 오는 도전과 훈육 공동체

공동체 바깥으로부터 오는 도전은 이 공동체를 무너뜨리고 소멸시켜 버리려는 세상의 박해와 시련의 모습으로 다가옵니다. 이런 도전은 이 공동체가 전에도 경험한 바 있습니다. "전날에 너희가 빛을 받은 후에 고난의 큰 싸움을 견디어 낸 것을 생각하라"(10:32)는 말씀

속에 그 도전의 한 가닥이 숨어 있는 것을 봅니다. 심지어 소유물을 탈취당하는 일도 겪었지만, 그러나 세상 사람들이 손댈 수 없는 "더 낫고 영구한 소유가 있는 줄" 알기에 그들이 이 모든 일을 기쁘게 당할 수 있었던 것입니다. 세상의 박해는 오히려 우리가 본질적으로 누구이며, 또한 무엇을 소유했는지를 일깨워 주는 하나의 통로에 지나지 않습니다.

히브리서 설교자가 이번에는 이를 "징계"라고 표현합니다. 징계라는 말이 요즘에는 벌의 의미로 통용되는 경향이 있습니다. 친구가 "나 회사에서 징계받았어!"라고 말하면 무슨 잘못을 저질러서 벌 받았다는 뜻으로 알아듣지 않습니까? 하지만 여기서 설교자가 사용하는 헬라어 '파이데이아'는 벌의 의미보다는 훈육의 의미에 더 가깝습니다. '파이데이아'의 동사형인 '파이듀오'에 대해 한 헬라어 사전(Louw & Nida)은 이렇게 정의를 내립니다. "적절한 처신과 행동의 규칙에 따라 누군가를 훈련하는 일, 곧 훈육하다, 훈련하다." 이 훈육의 과정 속에서 칭찬과 벌이 중요한 도구로 사용되는 것은 사실입니다. 그렇지만 벌 자체가 이 단어의 일차적인 의미가 되지는 못합니다. 하나님은 그가 아끼시는 자녀들을 지금보다 더 낫게 만드시려는 고귀한 목적을 가지고 우리를 훈육하십니다. 이 사실을 상기시켜 주려고 설교자는 잠언 3:11-12을 인용합니다. 구약 본문과 약간 차이가 나는 이유는 설교자가 칠십인역 헬라어 역본에서 인용하기 때문입니다.

잠 3:11-12, 개역개정 내 아들아 여호와의 징계를 경히 여기지 말라 그 꾸지람을 싫어하지 말라 대저 여호와께서 그 사랑하시는 자를 징계하시기를 마치 아비가 그 기뻐하는 아들을 징계함 같이 하시느니라

잠 3:11-12, 칠십인역 아들아 주의 징계(파이데이아)를 경히 여기지 말고 그에게 꾸지람을 받을 때 낙심하지 말라 왜냐하면 주께서 사랑하시는 자를 징계하시고 그가 받아들이시는 아들마다 채찍질하심이라

히 12:5-6 내 아들아 주의 징계하심(파이데이아)을 경히 여기지 말며 그에게 꾸지람을 받을 때에 낙심하지 말라 주께서 그 사랑하시는 자를 징계하시고 그가 받아들이시는 아들마다 채찍질하심이라

구약 히브리어 본문에서는 '징계하신다'라는 동사 하나만을 사용하여 "여호와께서 그 사랑하시는 자를 징계하시기를 마치 아비가 그 기뻐하는 아들에게 함과 같이" 이렇게 표현합니다. 칠십인역은 이를 번역할 때 '징계(훈육)한다' 외에 '채찍질한다'는 동사를 첨가합니다. "주께서 그 사랑하시는 자를 징계하시고 그가 받아들이시는 아들마다 채찍질하신다." 히브리서는 이 칠십인역의 표현을 그대로 가져옵니다. 결국 이 '채찍질한다'는 동사가 더 첨가됨으로써 훈육에 포함되는 육체적 단련의 성격이 더 부각됩니다.

이 인용을 통해 히브리서 설교자가 강조하고자 하는 것은 하나님의 훈육이 "그 사랑하시는 자"와 "그가 받아들이시는 아들"을 대상으로 한다는 사실입니다. 다시 말해서, 우리가 받는 훈육은 우리가 하나님이 사랑하시는 아들과 딸이라는 사실을 말해 줍니다. 이렇게 생각하면 훈육이 없는 것(롬 1:24, 26, 28의 "내버려 두사"의 경우처럼)이 더 서글픈 일이지 훈육 아래에 있다는 것 자체는 오히려 감사할 일입니다. 그래서 우리 본문은 모든 그리스도인을 가리켜 "훈육의 동참자

들"이라고 부릅니다(12:8). 우리말 번역은 "징계는 다 받는 것이거늘 너희에게 없으면 사생자요 친아들이 아니니라"라고 다소 평이하게 번역하였습니다만, 좀 더 문자적으로 번역하면 이렇습니다. "모두가 그것(훈육)의 동참자들이 된 바로 그 훈육이 너희에게 없으면 너희는 사생자들이요 친아들들이 아니니라." 이 구절은 3:14에서 우리 모든 그리스도인을 가리켜 "그리스도 동참자들"("그리스도와 함께 참여한 자", 개역개정)이라고 부를 때 사용한 '메토코이'를 사용하여 우리를 "훈육의 동참자들"이라고 합니다.

그리스도인 모두가 "훈육의 동참자"라면 우리는 우리에게 고난이 없는 것을 이상하게 여겨야 합니다. 예수 믿으면 모든 것이 잘되고 복만 받는다고 잘못 선전하는 한국 교회에서는 오히려 고난을 이상한 일 당하는 것처럼 생각할 소지가 큽니다. 히브리서 설교자뿐만 아니라 베드로 사도 역시 고난이 그리스도인의 축복이라는 사실을 강조합니다. "사랑하는 자들아 너희를 연단하려고 오는 불 시험을 이상한 일 당하는 것 같이 이상히 여기지 말고 오히려 너희가 그리스도의 고난에 참여하는 것으로 즐거워하라…"(벧전 4:12-13)라고 권면합니다.

고난을 받을 때 우리는 그 고난의 현실보다 더 큰 아버지의 사랑을 상기해야 합니다. 우리의 아버지 되신 하나님은 그 사랑하시는 자녀인 우리의 유익을 위하여 고난으로 우리를 훈육하시기 때문입니다. 이 훈육으로 우리는 하나님의 거룩에 참여하게 되고, 평강 가득한 의의 열매를 얻으며, 무엇보다 그 어떤 어려움에도 흔들리지 않는 불굴의 그리스도인으로 단련됩니다. 그러니 고난 속에서도 기뻐하지 않을 수 없습니다. 스포츠 사고로 전신이 마비된 조니 에릭슨 다다는 자신의 책 『하나님의 눈물』(*When God weeps: why our sufferings matter to the Almighty*, CLC, 2006)에서 자신의 시련을 "주님의 형상을 조각하기 위한 망치질"에 비유합니다. 그러면서 그 연단으로 인하여 비록 육체의 근육은 다 말라 버렸지만 오히려 "믿음의 근육이 만들어졌다"라고 자랑스럽게 고백합니다. 이렇게 단련된 믿음의 근육이 우리로 하여금 고난 속에서도 계속해서 우리를 위해 예비된 약속을 향해 달려가게 만듭니다.

3. 안에서의 싸움과 거룩 공동체

우리 믿음의 공동체는 바깥으로부터 오는 도전에 굳세게 맞서 싸워야 할 뿐 아니라, 공동체 내부의 문제들과도 맞서 싸워야 합니다. 이를 일깨우기 위해 설교자가 "모든 사람과 더불어 화평함과 거룩함을 따르라"(12:14)라고 강하게 촉구합니다. 여기에 사용된 "따르라"는 '추적 또는 추구하다'의 뜻을 가진 단어입니다. 마치 사냥꾼이 짐승의 흔적을 따라 사냥감을 추적하듯이 그렇게 집중적으로 공동체 안에서 추적해야 할 것이 있다는 말입니다. 바로 평화와 거룩입니다. 이는 약속의 성취자이신 예수 그리스도의 오심을 통해 하나님께서 이 땅의 교회들에게 허락하신 종말론적 선물들입니다. 주님의 교회는 이 땅 가운데 회복된 관계의 샬롬 공동체로, 구별된 정체성의 거룩 공동체로 부름 받았습니다. 그러므로 교회는 자신의 본질을 마치 사냥감을 추적하듯이 뒤쫓아서 그것을 잘 지켜 나가야 할 의무가 있습니다.

그런데 이 일을 제대로 잘하려면 공동체 안에서 서로 돌아보는 일이 꼭 필요합니다. 그래서 본문에서는 "화평함과 거룩함을 따르라" 라는 명령에 이어서 이를 수식하는 보조 동사로 "돌아보면서"(살피면서)라는 분사를 사용합니다. 우리말 번역에서는 이 단어가 16절 끝에 "살피라"라는 말로 뚝 떨어져서 나옵니다. 하지만 "살피라"가 별도의 명령어가 아니고 주동사인 "따르라"(추구하라)에 부속되는 보조 동사임을 분명히 할 필요가 있습니다. 곧 공동체 안에서 일어날 수 있는 불행한 결과 세 가지가 나타나지 않도록 '계속해서 살피면서 화평과 거룩을 추구하라'는 것입니다.

공동체 안에서 구성원들이 서로 살펴야 할 세 가지는 첫째, 한 사람이라도 하나님의 은혜에 이르지 못하는 자가 생기지 않도록, 둘째, 한 사람이라도 쓴 뿌리가 일어나 괴롭게 하여 공동체가 더럽혀지지 않도록, 셋째, 한 사람이라도 에서와 같이 음행하거나 망령된 자가 일어나지 않도록 하는 것입니다. 믿음의 공동체는 세 가지 내용을 계속적으로 살피면서 그 고유한 화평과 거룩의 본질을 추구해 가야 한다는 것입니다.

히브리서 설교자가 경계하는 이 세 가지 내용에는 다 구약적 배경이 있습니다. 은혜의 탈락자와 쓴 뿌리에 관한 처음 두 가지 사항은 신명기 29:18-19에 그 근거를 둡니다. 하나님께서는 이스라엘과 "언약과 맹세"를 세우시면서 백성에게 주의를 주십니다. "너희 중에 남자나 여자나 가족이나 지파나 오늘 그 마음이 우리 하나님 여호와를 떠나서 그 모든 민족의 신들에게 가서 섬길까 염려하며 독초와 쑥의 뿌리가 너희 중에 생겨서 이 저주의 말을 듣고도 심중에 스스로 복을 빌어 이르기를 … 내게는 평안이 있으리라 할까 함이라."

설교자가 언급하는 "하나님의 은혜에 이르지 못하는 자"는 그 마음이 은혜의 하나님을 떠나가는 자를 가리킵니다. 하나님의 은혜의 언약을 기뻐하고 그 언약 안에 지속적으로 머무르기보다 이방의 신들을 좇아가는 사람들입니다. "쓴 뿌리가 나서"라는 표현은 신명기 29:18 "독초와 쑥의 뿌리가 생겨서"의 칠십인역 번역에 바탕을 둡니다. 여기서도 "쓴 뿌리"는 오늘날 우리가 생각하는 어떤 심리적인 쓴 뿌리 같은 것이 아니라, 언약 백성인 이스라엘의 우상 숭배나 배교 행위를 가리키는 표현입니다. 이런 표현들을 모두 언약의 개념이라는 틀 안에서 이해할 필요가 있습니다. 다시 말해서, 하나님과의 언약 관계를 떠나 배교하는 길로 나아가는 자들이 단 한 명이라도 생기지 않도록 서로를 돌아보는 일에 힘써야 한다는 것입니다.

세 번째 경계 대상인 에서 이야기는 창세기 25:29-34에 근거를 둡니다. 에서 역시 "장자의 명분"이라는 언약적 선물을 쉽게 내동댕이친 사람의 대명사입니다. 원래 창세기 본문에서는 에서의 음행에 대한 언급이 나오지 않습니다. 하지만 우리 본문에서 그의 "음행"을 언급하는 것은 언약의 하나님에 대한 불신실 차원을 암시합니다. 따라서 이 세 가지 경계 사항들이 모두 언약 백성으로서의 자기 정체성과 관련됨을 알 수 있습니다. 이는 신약의 교회에 그대로 적용됩니다. 우리는 예수 그리스도의 피로 말미암아 하나님의 새 언약 백성이 되었습니다. 그런 우리의 언약적 아이덴티티에 조금이라도 손상이 생기는 일이 일어나지 않도록 서로를 계속적으로 살피는 가운데서 우리는 그리스도로 말미암아 우리에게 주신 종말론적 선물인 화평과 거룩을 집중적으로 추구하며 살아가야 합니다. 이것이 우리가 공동체 안에서 싸워 나가야 할 우리의 싸움입니다.

4. 훈육과 거룩의 공동체를 이루며 기다림의 삶 살아가기

신약 교회는 예수 그리스도 안에서 이루어 주신 하나님의 종말론적 선물을 풍성하게 부여받은 공동체입니다. 하나님의 평화와 거룩의 약속들이 예수 그리스도 안에서 다 성취되었습니다. 그러면서도 우리는 이 성취된 것들의 마지막 완성을 대망하며 살아갑니다. 그래서 이 세상 속에서 이중적인 방식으로 존재합니다. 한 면에서는 하나님 나라의 영광을 이미 누리며 살아가는 존재입니다. 그러나 또 다른 한 면에서는 우리를 둘러싸고 있는 세상적 질서와 계속해서 싸우며 살아가야 하는 존재입니다. 이런 독특한 상황 속에서 양면의 싸움이 요구됩니다. 바깥으로는 교회를 박해하는 세상과의 싸움이며, 안으로는 우리의 본질을 훼손하고 더럽히는 모든 거룩하지 못한 것들과의 싸움입니다.

오늘날의 교회는 언약 공동체의 순결성을 훼손하는 세 가지 유혹에 빠지지 않도록 서로를 돌아보면서 화평과 거룩을 추구하라는 히브리서 설교자의 외침에 귀를 막고 있습니다. 최근에 들은 이야기를 하나 해 드리겠습니다. 버스 안에서 두 사람이 서로 싸우고 있더랍니다. 옆에서 듣던 사람이 내리면서 글쎄 "여기가 교회인 줄 아나 봐!"라고 말하더랍니다. 비록 우스갯소리이지만, 오늘날 교회 하면 사람들이 서로 분열되어 싸우는 곳, 이렇게 생각하는 세태를 비꼬는 이야기입니다. 우리는 너무 쉽게 화평을 포기합니다. 교회의 순결과 거룩을 지켜 가려는 몸부림이 사라지고 있습니다. 안에서의 싸움에서 패배하는 교회는 밖에서의 싸움을 수행해 나갈 수 없습니다. 교회가 먼저 화평과 거룩의 공동체로서의 자신의 본질을 되찾아야 합니다. 여기에서부터 세상과 사회의 개혁을 위한 우리의 모든 노력이 새로운 힘을 얻을 것입니다.

토의를 위한 질문

1. 12:1-2의 정확한 뜻은 무엇입니까? 어떤 이유로 히브리서의 첫 수신자 교회(공동체)에 위기가 찾아왔습니까?

2. 저자가 사용한 "징계"라는 단어의 의미는 무엇입니까?

3. 공동체 내에서 서로 살펴야 할 세 가지는 무엇입니까? 이것들이 구약의 어떤 본문 또는 어떤 상황과 관련이 있습니까?

4. 나(공동체)의 삶에서 당하는 위기들은 무엇이며, 이를 극복하기 위해 가져야 할 인식의 전환 및 자세는 무엇입니까?

시온 산에 다다른 자의 기다림

12:18-19, 22-24, 12:26-28

12:18-19, 22-24 너희는 만질 수 있고 불이 붙는 산과 침침함과 흑암과 폭풍과 나팔 소리와 말하는 소리가 있는 곳에 이른 것이 아니라 … 그러나 너희가 이른 곳은 시온 산과 살아 계신 하나님의 도성인 하늘의 예루살렘과 천만 천사와 하늘에 기록된 장자들의 모임과 교회와 만민의 심판자이신 하나님과 및 온전하게 된 의인의 영들과 새 언약의 중보자이신 예수와 및 아벨의 피보다 더 나은 것을 말하는 뿌린 피니라

12:26-28 그 때에는 그 소리가 땅을 진동하였거니와 이제는 약속하여 이르시되 내가 또 한 번 땅만 아니라 하늘도 진동하리라 하셨느니라 이 또 한 번이라 하심은 진동하지 아니하는 것을 영존하게 하기 위하여 진동할 것들 곧 만드신 것들이 변동될 것을 나타내심이라 그러므로 우리가 흔들리지 않는 나라를 받았은즉 은혜를 받자…

1. 시내 산의 어두운 이미지

히브리서 설교자는 12:22에서 "그러나 너희가 이른 곳은 시온 산과 살아 계신 하나님의 도성인 하늘의 예루살렘"이라고 말합니다. 여기서 "그러나"라는 접속사는 18절의 출애굽 선조들이 이른 곳과 22절의 "너희가 이른 곳"을 대비적으로 연결하는 기능을 합니다. 출애굽 선조들은 "만질 수 있고 불이 붙는 산과 침침함과 흑암과 폭풍과 나팔 소리와 말하는 소리가 있는 곳"에 이르렀습니다. 곧 홍해를 건넌 후 모세의 인도를 따라 시내 산에 도달해 있던 때의 장면을 나타냅니다. 이 시내 산은 옛 언약의 체결지입니다. 이곳에서 이스라엘 백성은 모세를 중재자로 하여 하나님과 엄숙한 언약 관계에 들어갔습니다.

히브리서 설교자는 신약 시대의 성도들이 옛 이스라엘 백성과는 달리 예수 그리스도를 중재자로 하는 새 언약의 관계 속으로 부름 받았다는 사실을 이곳에서 강한 대비 문구를 사용하여 상기시킵니다. 18절과 22절은 조금 떨어져 있지만 사실은 하나의 구문으로 연결되어 있습니다. "왜냐하면 너희는 A에 이른 것이 아니라 B에 이르렀기 때문이다"라는 구조입니다. 우리말 성경은 아쉽게도 18절의 '왜냐하면'(헬라어 가르)이라는 접속사를 살리지 못했습니다. 이 접속사는 두 가지 면에서 중요한 기능을 가집니다. 하나는 바로 앞 문단에서 '서로를 돌아보는 가운데서 화평과 거룩을 추구하라'라고 명령했던 이유(근거)를 제시해 줍니다. 이 두 단락은 서로 독립적으로 분리되어 있지 않습니다. 조금 특이하게도 명령(권면)이 먼저 나오고 그 후에 그 명령의 근거가 제시되지만, 그리스도인을 위한 모든 명령이나 권면이 반드시 은혜로 먼저 이루어진 일의 근거 위에서 시행된다는 원리(직설법 → 명령법)는 여기서도 변함이 없습니다.

또 하나의 중요한 기능은 "너희는 (A에) 이른 것이 아니라 … 그러나 너희가 이른 곳은 (B이기 때문이다)"라고 할 때, "이른"으로 번역된 단어가 원문에서는 '오다 또는 도달하다'라는 동사의 완료 시제 형태로 사용된다는 점과 관련됩니다. 헬라어에서 완료 시제는 이미 완료된 동작의 결과가 현재에도 존속하는 상태를 나타냅니다. 다시 말해서, "너희" 그리스도인들이 "시온 산과 살아 계신 하나님의 도성인 하늘의 예루살렘"에 이미 도달한 상태임을 강조합니다. 매우 특이한 표현이지 않습니까? 분명히 미래에 해당되는 일을 어떻게 이런 방식으로 표현할 수 있을까요? 사실 히브리서 설교자는 지금까지 일관되게 이와 같은 방식으로 신약 성도들의 특수한 위치를 표현해 왔습니다. 그들은 장차 "시온 산과 … 하늘의 예루살렘"에 도달할 것입니다. 그러나 이 미래의 일이 미래에만 머물러 있지 않습니다. 우리보다 먼저 그곳으로 들어가신 예수 그리스도 안에서 이 일이 이미 이루어졌고 확보되었습니다. 그래서 설교자가 우리가 이미 그곳에 도달한 상태라고 거리낌 없이 말하는 것입니다. 나아가서, 바로 이런 이유 때문에 신약 공동체는 지금 서로를 돌아보는 가운데서 화평과 거룩의 공동체를 추구하는 일에 전념하며 살아가야만 하는 것입니다.

그렇다면 히브리서 설교자가 대조하는, 옛 언약 체결지인 시내 산과 새 언약의 노날섬인 시온 산이 어떻게 서로 대비되고 있습니까? 우선 시내 산의 분위기를 봅시다. 그곳은 "만질 수 있고 불이 붙는 산과 침침함과 흑암과 폭풍과 나팔 소리와 말하는 소리가 있는 곳"이라고 합니다(12:18-19). 헬라어 원문에서는 "만져지는 곳에, 그리고 불이 붙는 곳에, 그리고 침침함에, 그리고 흑암에, 그리고 폭풍에, 그리고 나팔 소리에, 그리고 말하는 소리가 있는 곳에"라는 방식으로, 접속사 "그리고"를 사용하여 각각의 요소를 하나하나씩 열거합니다. 여기에서는 '산'이라는 단어가 명시적으로 나타나지는 않습니다. 이와 대조를 이루는 22절에서 "시온 산"을 언급하는 것에 비추어 시내 산이라고 추정하는 것입니다.

시내 산을 가리켜 무엇보다 먼저 "만져지는 곳"이라고 언급하는 이유는 시온 산이 "하늘의 예루살렘"으로서 손으로 만져질 수 없는 곳이라는 점을 대조하기 위함입니다. 이는 예수 그리스도의 대제사장 직무가 이 세상 속의 장막에서가 아니라 "손으로 짓지 아니한 것 곧 이 창조에 속하지 아니한 더 크고 온전한 장막"(9:11, 또한 9:24)에서 이루어진다고 대조하는 것과도 유사성을 가집니다.

시내 산의 분위기를 묘사하는 일곱 가지 요소는 과거에 하나님께서 시내 산에서 이스라엘 백성 앞에 강림하실 때의 모습을 요약적으로 말해 줍니다. 그 모습이 출애굽기 19장에 이와 같이 묘사되고 있습니다. "셋째 날 아침에 우레와 번개와 빽빽한 구름이 산 위에 있고 나팔 소리가 매우 크게 들리니 진중에 있는 모든 백성이 다 떨더라 … 시내 산에 연기가 자욱하니 여호와께서 불 가운데서 거기 강림하심이라 그 연기가 옹기 가마 연기 같이 떠오르고 온 산이 크게 진동하며 나팔 소리가 점점 커질 때에 모세가 말한즉 하나님이 음성으로 대답하시더라"(출 19:16, 18-19). 신명기 4:11-12에서는 좀 더 요약적인 방식으로, 불과 어둠과 구름과 흑암, 그리고 하나님의 음성을 이야기합니다. 이스라엘 백성은 한 번도 경험한 적이 없었던, 하나님의 강림 모습을 접하고는 모두 두려움에 사로잡힙니다. 지파의 수령과

장로들이 모세에게 와서 더 이상 하나님께서 음성으로 그들에게 말씀하시지 않게 해 달라고 요청합니다(신 5:22-27). 그만큼 하나님을 대면하는 일이 두려운 일이었음을 잘 보여 줍니다.

이스라엘 백성은 이런 두려움 가운데서 하나님을 만나야 했습니다. 그러나 신약 시대의 성도들은 이와 전혀 다른 모습으로 하나님을 만납니다. 그들이 도달해 있는 곳은 과거와 같은 물리적인 산이 아니라 영적인 시온 산이기 때문입니다. 시내 산의 "침침함과 흑암", 그리고 두려움과 떨림 대신 거기에는 밝음과 기쁨이 가득합니다.

2. 시온 산의 축제적 이미지

시내 산의 어두움과 두려움의 분위기와는 달리 '너희가 도달해 있는 곳'인 시온 산, 천상 예루살렘의 분위기는 기쁨과 축제의 기운으로 가득 차 있습니다. 설교자는 시내 산의 모습을 일곱 가지 요소로 묘사했던 것과 비슷한 방식으로 시온 산의 모습 또한 일곱 가지 항목으로 소개합니다. 엄밀하게 이야기하면 총 여덟 가지를 언급하지만 첫 번째 '시온 산'은 앞의 '시내 산'과 대조하여 그 정체를 밝히는 내용이므로, 이를 제외하면 모두 일곱 가지입니다. 물론 끊어 읽기를 어떻게 하느냐에 따라 이 항목의 숫자가 달라질 수 있습니다. 하지만 히브리서 설교자는 "그리고"라는 접속사를 사용하여 이 항목들을 하나씩 구분합니다. 그렇게 끊어 읽기를 하면 새 언약 백성이 이른 곳은 ① 시온 산, ② 살아 계신 하나님의 도성인 하늘의 예루살렘, ③ 축제 모임 중인 천만 천사, ④ 하늘에 기록된 장자들의 교회, ⑤ 만민의 심판자이신 하나님, ⑥ 온전하게 된 의인의 영들, ⑦ 새 언약의 중보자이신 예수, ⑧ 아벨의 피보다 더 나은 것을 말하는 뿌린 피입니다.

여기서 조금 특이한 단어 하나가 눈에 띕니다. "기쁘고 행복한 축제 모임"(Louw & Nida 헬라어 사전)을 의미하는 '파네귀리스'인데, 우리말 성경은 23절에서 "하늘에 기록된 장자들의 모임과 교회"라고 할 때 "모임"으로 이를 단순하게 번역해 놓았습니다. 원문에서는 이 단어가 ③의 "천만 천사"와 ④의 "하늘에 기록된 장자들의 교회" 사이에 끼어 있습니다. 어느 쪽으로 연결하느냐에 따라 "장자들의 축제 모임과 교회"로 읽는 것도 가능하고(킹 제임스역과 우리말 번역은 이 독법 채택), "축제 모임 중인 천만 천사"로 읽는 것도 가능합니다(NIV, NRSV 등은 이 독법 채택). 설교자가 "그리고"라는 접속사를 하나의 구분 기호로 사용하고 있다는 점을 고려한다면 "축제 모임 중인 천만 천사"로 읽는 것이 더 좋습니다.

이 단어는 그 자체로 시온 산의 분위기를 단적으로 대변합니다. 시온 산 천상 예루살렘에서는 승리하신 중보자 예수 그리스도와 승리한 장자 성도들이 축제 모임 중인 천사들과 함께 만민의 심판자이신 하나님 앞에 모여 구속과 승리의 기쁨을 나누고 있습니다. 이는 첫 언약 체결의 장소인 시내 산을 묘사했던 어두움과 두려움의 분위기와는 너무나 대조적입니다. 물론 하나님의 강림 자체가 어두움과 연결되는 것은 아닙니다. 다만 하나님의 영광을 다 감당하지 못하는 인간의 한계 때문에 시내 산에는 하나님의 영광의 빛만큼이나 큰 어두움의 그림자가 드리울 수밖에 없었던 것입니다. 그러나 아벨의 피보다 더 강력하게 우리를 위해 호소하시는 우리의 중보자 예수 그리스도의 피가 있는 하늘 예루살렘에는 하나님의 영광을 가릴 것이 아무

것도 없습니다.

우리 주 예수 그리스도 안에서 베풀어 주신 하나님의 무한한 은혜로 이렇게 영광스러운 자리에 도달한 우리의 기쁨과 감사가 얼마나 큰지 말로 다 표현할 수 없습니다. 이것이 신약 성도들의 특권이며 자부심입니다. 하지만 잊지 말아야 할 책임이 하나 남아 있습니다. 우리가 이미 하늘 예루살렘의 시민이 되었지만, 동시에 이 세상 속에서 여전히 이 세상의 시민으로 살아가야 한다는 사실입니다. 이 특수한 상황이 우리에게 긴장을 줍니다. 하늘의 시민으로 이 세상을 어떻게 살아가야 할 것인가 하는 문제에 우리는 답하지 않을 수 없습니다.

3. 학개 2:6의 성취와 또 다른 약속 지향점

히브리서 설교자가 이 문제에 답하기 위하여 학개 2:6의 말씀을 사용합니다. 설교자가 강조하고자 하는 요점은 분명합니다. 옛 언약 백성은 땅에서, 곧 시내 산에서 그들이 어떻게 구별되게 살아야 할지를 일러 주시는 하나님의 음성을 들었습니다. 그러나 새 언약 백성인 그리스도인들은 "땅에서 경고하신 이"가 아니라 "하늘로부터 경고하신 이"의 음성을 듣고 있습니다(12:25). 그런 만큼 더욱더 그 음성 듣기를 신중하게 하지 않으면 안 된다는 것입니다. 땅에서의 말씀도 그토록 두려움을 불러일으키는 말씀이었는데 하물며 하늘로부터의 말씀은 얼마나 더 귀담아 들어야 할 말씀인가 하는 것입니다. 이와 유사한 논리가 2:2-3에도 나옵니다. "천사들을 통하여 하신 말씀" 곧 율법의 말씀도 그것을 어긴 사람들에게 합당한 보응을 돌렸다는 것을 아는데, 이제는 그 존귀와 신분에 있어서 천사와 비교가 되지 않는 하나님의 아들을 통하여 하신 말씀을 등한히 한다면 그 위험이 얼마나 더 크겠는가 하는 것입니다. 히브리서 설교자는 낮은 단계에 해당되는 진리를 통해 더 높은 단계의 진리를 확증하는 칼 와호메르의 논리('하물며' 논리)를 이처럼 빈번히 사용합니다.

설교자는 구약의 본문과는 약간 다르게 학개 2:6을 인용합니다. 다음의 대조를 잘 살펴보시기 바랍니다.

> 학 2:6-7, 개역개정 **조금 있으면 내가 하늘과 땅과 바다와 육지를 진동시킬 것이요** 또한 모든 나라를 진동시킬 것이며 모든 나라의 보배가 이르리니 내가 이 성전에 영광이 충만하게 하리라

> 학 2:6, 칠십인역 **내가 또 한 번 하늘과 땅과 바다와 육지를 진동시킬 것이요**

> 히 12:26 **내가 또 한 번 땅만 아니라 하늘도 진동하리라**

일단 칠십인역의 본문 형태를 따르고 있음을 알 수 있습니다. 칠십인역은 '조금 후 한 번 더'라는 뉘앙스를 가지는 구약 본문에서 '한 번 더'(=또 한 번) 부분만을 취합니다. 히브리서 설교자는 기본적으로는 칠십인역 본문을 따라가지만, 필요에 따라 변경하여 자신의 목적에 맞게 사용합니다. 실제로는 그 변경이 그렇게 크지는 않습니다. 그러나 그 하나하나에 뜻 깊은 의도가 담겨 있습니다. 첫째, "바다와 육지" 이하 부분을 생략합니다. 둘째, "하늘과 땅"(A and B)의 단순 연결 구조를 "땅만 아니라 하늘도"(not only A but also B)라는 구문으로

바꾸어 '땅'과 '하늘'에 새로운 의미를 부여합니다. 셋째, 원래 "하늘과 땅"으로 되어 있는 순서를 바꾸어 '땅'을 앞으로, '하늘'을 뒤로 옮깁니다.

왜 이런 작지만 의미 있는 변화를 시도하는 것일까요? 첫째, 설교자가 부각하려는 점은 학개 2:6의 약속을 종말론적 약속으로 확장시키는 것입니다. 원래 본문 학개 2:6-7에서 하나님께서 약속하시는 것은 그가 천지와 나라들을 뒤흔드시는 "만군의 주"로서의 심판의 행위를 통해 자기 백성을 구원하시고 열방의 보화들을 예루살렘 성전으로 향하게 하시리라는 것이었습니다. 실제로 성전 건축을 눈앞에 두고 있던 학개 당시의 이스라엘 백성에게는 이 약속이 현실적으로 중요했겠지만, 신약 시대의 성도들에게는 그 약속이 지닌 민족적, 물질적 특성이 그다지 중요하지 않습니다. 그보다 더 중요한 것은 예수 그리스도의 십자가와 부활, 승귀를 통해 나타내신 하나님의 심판과 구원의 행위가 이제 하나님의 새 언약 백성이 누리는 현실이 되었다는 사실입니다. 그런 점에서 학개 2:6-7의 약속은 영적이고 종말론적인 차원에서 신약 성도들에게 성취되었습니다.

두 번째로 히브리서 설교자가 강조하려는 점은 영적으로 이미 성취된 이 약속이 아직은 성취되지 않은 또 다른 최종점을 지향하고 있다는 사실입니다. 하나님께서는 과거에 시내 산에 강림하실 때의 모습처럼 "땅만" 흔드실 것이 아니라 이제는 "하늘도" 흔드시리라는 것입니다. 이 약속이 여전히 유효합니다. 이를 나타내기 위해 설교자가 학개 2:6을 인용하면서 "이제는 약속하여 이르시되"라고 말하는데(12:26), 이때 "약속하여"를 완료 시제로 표현합니다. 뉘앙스를 살려서 좀 더 정확하게 옮기면 이렇습니다. "그러나 이제는 '내가 또 한 번 … 하늘도 진동하리라'고 말씀하시면서 그(하나님)가 약속하셨다(약속해 놓으신 상태다)." 과거에 학개를 통해 주신 약속이 영적인 차원에서 예수 그리스도를 통해 성취되었지만, 그러나 그리스도께서 오신 이후에도 하나님의 약속이 여전히 유효한 상태로 남아 있다는 뜻입니다. 이 약속은 "흔들리지 않는 나라"를 영원히 세우시기 위해 다시 한 번 "진동할 것들 곧 만드신 것들"(12:27)을 뒤흔드시는 하나님의 종말론적 심판의 행위를 통해 마침내 실현될 것입니다.

우리는 이런 마지막 심판의 약속 앞에서 "흔들리지 않는 나라"를 이미 받았습니다. "우리가 흔들리지 않는 나라를 받았은즉 은혜를 받자"(12:28)라는 구절이 이 사실을 잘 보여 줍니다. "받았은즉"은 현재 시제의 동사로, '받아서 지금 누리는' 상태를 나타냅니다. "은혜를 받자"라고 번역한 문구는 오히려 "감사하자"라고 번역하는 것이 더 좋습니다. 그러므로 이 구절은 "우리가 흔들리지 않는 나라를 받아서 지금 누리는 상태이므로, (하나님께) 감사를 드리자"라고 읽는 것이 좋습니다. 얼마나 은혜로운 말씀인지 모릅니다. 이미 우리는 영원히 진동하지 않는 견고한 그 나라를 받아 그 자랑스러운 시민으로 살아가는 사람들입니다.

4. 플러스 차원의 삶으로서의 기다림의 삶

히브리서 설교자의 모든 권면은 우리 그리스도인들이 이미 이 땅 위에서 "흔들리지 않는 나라"의 복된 시민이 되어 있다는 사실을 상기시키는 데서부터 시작됩니다. 이토록 큰 특권을 받았으니 그 특권에 부합되는 책임감을 가지고 살아가야 마땅하다는 것입니다. 이를 강조하려고 그 특유의 칼 와호메르 논리를 사용하여 "너희는 삼가 말씀하신 이를 거역하지 말라 땅에서 경고하신 이를 거역한 그들이 피하지 못하였거든 하물며 하늘로부터 경고하신 이를 배반하는 우리일까보냐"라고 경고합니다(12:25). 여기서 "배반하는"은 문자적으로 '등 돌린다'라는 뜻입니다. 우리에게 그토록 큰 특권과 은혜를 베풀어 주신 하나님께 등 돌리는 사람이 과연 제대로 된 사람일까요?

우리 그리스도인들은 이미 성취된 약속을 붙들고 다시 그 마지막 성취의 지향점을 향하여 달려 나아가고 있습니다. 이미 천상 예루살렘의 시민이면서 또한 그곳을 소망하며 나아갑니다. 이미 흔들리지 않는 견고한 나라의 백성이면서 또한 흔들리는 것들의 변동을 통과하여 그 나라에 나아가야 할 사람들입니다. 이것이 이 세상 속에서의 그리스도인의 존재의 독특한 특성입니다. 성취된 것을 붙들고 또 다시 기다림의 삶을 살아가는 사람들! 하지만 그 기다림의 삶이 기쁨과 기대가 가득 찬 플러스 차원의 삶임을 기억합시다. 다시 말해서, 잃을 것이 아무것도 없는 삶이라는 말입니다. 가장 좋은 것이 이미 주어져 있고 확보되어 있는 만큼, 이 기다림의 삶 속에서 경험하는 모든 것이 다 플러스 차원이며 보너스 차원입니다. 이 세상 외에는 아무것도 가지지 못하고 마지막에는 그조차 다 잃어버리고 마는 마이너스 차원의 삶을 살고 있는 사람들과는 다릅니다. 주님 위하여 멋지게 내 삶을 던져 볼 용기가 확확 살아나지 않습니까?

토의를 위한 질문

1. 저자가 첫 언약 체결자들인 구약 선조들과 신약 성도들을 비교하면서 강조하는 점이 무엇입니까?

2. 과거 시내 산의 분위기와 다른, 천상 예루살렘의 특징은 무엇입니까? 이 놀라운 축제에 어떻게 해야 참여할 수 있습니까?

3. 저자가 학개 2:6의 인용을 통해 강조하려는 점이 무엇입니까? 신약 성도는 어떤 나라를 받았습니까? 그 유익이 무엇입니까?

4. 신약 성도들의 삶을 세상 사람들과 구별 짓는 가장 큰 특징이 무엇입니까? 우리는 진동하지 않는 나라의 백성답게 구별된 삶을 살고 있습니까?

5. "천상 예루살렘"에 이미 도달해 있다는 인식이 나(공동체)에게 어떤 유익과 변화를 줍니까?

‖ 히브리서 산책: 성취와 기다림 15 ‖

영문 밖 성도의 예배, 실천, 그리고 기다림

13:9–16

13:9–16 여러 가지 다른 교훈에 끌리지 말라 마음은 은혜로써 굳게
함이 아름답고 음식으로써 할 것이 아니니 음식으로 말미암아 행
한 자는 유익을 얻지 못하였느니라 우리에게 제단이 있는데 장막
에서 섬기는 자들은 그 제단에서 먹을 권한이 없나니 이는 죄를 위
한 짐승의 피는 대제사장이 가지고 성소에 들어가고 그 육체는 영
문 밖에서 불사름이라 그러므로 예수도 자기 피로써 백성을 거룩
하게 하려고 성문 밖에서 고난을 받으셨느니라 그런즉 우리도 그
의 치욕을 짊어지고 영문 밖으로 그에게 나아가자 우리가 여기에
는 영구한 도성이 없으므로 장차 올 것을 찾나니 그러므로 우리는
예수로 말미암아 항상 찬송의 제사를 하나님께 드리자 이는 그 이
름을 증언하는 입술의 열매니라 오직 선을 행함과 서로 나누어 주
기를 잊지 말라 하나님은 이같은 제사를 기뻐하시느니라

1. 예수 그리스도를 중심으로 한 예배 공동체

히브리서 13장은 다소 산발적인 권면들로 이루어져 있습니다. 편지의 종결부답게 수신 교회에게 현실적으로 필요한 권면들을 되도록 많이 언급하지 않을 수 없었겠지요. 하지만 그런 중에도 하나의 일관된 주제가 나타나기도 합니다. 히브리서 설교자는 앞에서도 자주 사용했던 인클루지오(inclusio, 수미쌍관) 방법을 여기에서도 사용합니다. 시작과 끝부분에 동일 또는 유사 어구를 배치하여 전체를 한 단위로 묶는 방법인데, 조금 더 넓은 단락을 묶는 인클루지오 하나와 좀 더 좁은 범위의 인클루지오 하나가 각각 나옵니다.

더 넓은 범위의 인클루지오는 '하나님이 기뻐하심'이라는 주제를 중심으로 합니다. 12:28의 "경건함과 두려움으로 하나님을 기쁘시게 섬길지니"라는 표현에서 "기쁘시게"를 도입하고, 13:21에서 "그 앞에 즐거운 것을 … 이루시기를 원하노라" 할 때 "즐거운 것" 곧 '기뻐하시는 것'을 동일하게 언급합니다. 이처럼 '하나님이 기뻐하심'이라는 주제가 이 부분의 처음과 끝을 묶고 있는데, 동일한 주제가 "하나님은 이같은 제사를 기뻐하시느니라"(13:16)에서 다시 한 번 등장합니다. 히브리서 설교자는 이 편지의 마지막 부분에 와서 지금까지 강조했던 것, 곧 하나님께서 우리를 위하여 해 주신 일이 무엇인가에 대한 응답으로 우리가 하나님을 기쁘시게 해 드리는 것이 무엇인지를 보여 줍니다. 다시 말해서, 어떻게 하는 것이 하나님을 진정으로 기쁘시게 하는 예배인지를 말하고자 하는 것이 이 부분의 핵심 주제입니다.

더불어서 좀 더 좁은 범위의 인클루지오 하나를 주목하지 않을 수 없습니다. 13:7의 "너희를 인도하던 자들"과 13:17의 "너희를 인도하는 자들"을 공통적으로 언급하는 부분입니다. 원문에서 이 두 어구는 다 현재 시제입니다. 그러나 첫 번째 "너희를 인도하던 자들"의 실질적 활동을 가리키는 표현인 "하나님의 말씀을 너희에게 일러 주고"에서 "일러 주고"가 과거 시제입니다. 따라서 이들은 현 세대보다는 앞 세대의 공동체 지도자들을 가리킴을 알 수 있습니다. 그래서 문법적으로는 "인도하는 자들"이 맞지만 내용상으로는 "인도하던 자들"로 번역하는 것이 적합합니다. 반면에 13:17의 "너희를 인도하는 자들"의 실질적 역할을 나타내는 표현인 "그들은 너희 영혼을 위하여 경성하기를"에서 "경성하기를"은 현재 시제입니다. 따라서 이들은 현재 활동 중인 공동체 인도자들을 가리킴을 알 수 있습니다. 종합하자면, 13:7과 13:17은 "너희를 인도하는 자들"로 인클루지오를 이루는데, 13:7의 인도자들은 이 공동체의 과거 인도자들이고, 13:17의 인도자들은 현재 인도자들을 가리킵니다.

13:7과 13:17의 '인도자들' 인클루지오

13:7 하나님의 말씀을 너희에게 일러 주고 너희를 인도하던 자들을 생각하며

⇒ 말씀의 초석을 놓은 이전 세대의 인도자들

13:17 너희를 인도하던 자들에게 순종하고 복종하라 그들은 너희 영혼을 위하여 경성하기를

⇒ 말씀을 가르치는 현재의 인도자들

13:7에 언급된, 하나님의 말씀을 일러 주었던 과거 인도자들은 히브리서 수신 공동체의 초석을 놓은 사람들입니다. 이들의 사역이 중요한 이유는 히브리서 공동체가 이들을 통해 변함없는 하나님의 말씀과 "어제나 오늘이나 영원토록 동일하"신 예수 그리스도를 전해 받았기 때문입니다. 13:8은 유명한 구절입니다. "예수 그리스도는 어제나 오늘이나 영원토록 동일하시니라." 우리는 보통 이 구절만 따로 떼어서 외우기를 좋아합니다만, 그렇게 하면 이는 다소 추상적인 진술이 되어 버리고 맙니다. 앞에서 언급한 인클루지오의 맥락을 고려할 때 여기서 시간을 초월하시는 예수 그리스도의 동일성을 이야기하는 이유는 말씀을 일러 준 인간 인도자들이 다 가고 없어도 예수 그리스도는 언제까지나 동일하게 남아 계시는 분임을 강조하기 위해서입니다.

이 예수 그리스도야말로 모든 시대의 그리스도인 공동체의 초석입니다. 시대는 달라져도 모든 그리스도인 공동체가 이 예수 그리스도와 동질성을 이루지 못한다면 그리스도의 교회가 될 수 없습니다. 이 원리가 히브리서 전체의 최종 클라이맥스를 형성합니다. 그렇다면 우리는 위의 두 가지 인클루지오를 통해 전체적인 그림 하나를 완성할 수 있습니다. 교회는 이 세상 속에서 언제까지나 예배 공동체로 존재하는데, 그 예배의 중심에는 "어제나 오늘이나 영원토록 동일하"신 예수 그리스도가 계신다는 사실입니다.

2. 영문 밖의 예수 그리스도와 성도의 예배

신약의 예배 공동체의 특권을 강조하기 위해 설교자가 다시 한 번 구약의 배경으로 돌아갑니다. 레위기 16장에 나오는 속죄일의 속죄 예식의 규례입니다. 레위기 16:27을 보면 백성의 죄를 속하기 위해 바쳐진 제물의 처리와 관련하여 "속죄제 수송아지와 속죄제 염소의 피를 성소로 들여다가 속죄하였은즉 그 가죽과 고기와 똥을 밖으로 내다가 불사"르라고 명합니다. 여기서 "밖으로"는 광야에서 이스라엘의 거주 지역이었던 진 밖을 가리키는데, 이 문구를 칠십인역이 "진영 밖에서"(엑소 테스 파렘볼레스)라고 번역하였습니다. 히브리서 설교자는 칠십인역의 이 표현을 그대로 따옵니다.

히브리서 13:11은 레위기 16:27을 정확히 반영합니다. "이는 죄를 위한 짐승의 피는 대제사장이 가지고 성소에 들어가고 그 육체는 영문 밖에서(엑소 테스 파렘볼레스) 불사름이라." 설교자는 이러한 연결을 통해 과거 이스라엘의 속죄일 속죄 예식이 예수 그리스도에게 그대로 적용되었다고 보고 있는 것입니다. 예수 그리스도는 친히 대제사장이 되셔서 우리의 죄를 속하기 위하여 흘린 자신의 피를 이 지상의 성소가 아니라 하늘 성소에 가지고 들어가셨습니다(9:24).

한편 과거에 속죄일 제물을 제사장들이 나누어 먹지 않고 '진영 밖에서' 불태웠던 것처럼, 그리스도의 몸 또한 '진영 밖으로' 보내어져야 했습니다. 이것이 13:12이 말하는 내용입니다. "그러므로 예수도 자기 피로써 백성을 거룩하게 하려고 성문 밖에서(엑소 테스 퓔레스) 고난을 받으셨느니라." 여기서 "영문"과 "성문"의 차이는 크지 않습니다. "영문"이 광야 생활의 처소였던 '진'을 의미한다면, "성문"

은 그리스도께서 실제로 고난받으신 장소 예루살렘 성의 문을 가리킵니다. 그는 예루살렘 성문 밖 골고다 언덕에서 속죄일 속죄 제물의 불태움에 해당되는 십자가의 고난을 당하신 것입니다.

이와 같은 예수님의 고난의 결과로 이제 우리가 지상 성소가 아닌 하늘 성소에 담대히 나아가 예배하는 자들이 되었다는 사실, 이것이 이 부분에서 설교자가 상기시키는 핵심 내용입니다. 13:10은 이런 특권을 신약 성도들인 "우리"가 누리고 있다는 사실을 강조합니다. "우리에게 제단이 있는데 장막에서 섬기는 자들은 그 제단에서 먹을 권한이 없"다는 것입니다. 신약 성도들인 "우리"는 가졌지만, "장막에서 섬기는" 그들은 가지지 못한 제단이 있다고 말합니다. 이 "제단"이 무엇일까요? 이는 어떤 실제적인 것을 묘사하는 표현이 아닙니다. 신약 교회 안에 실제로 제단이 있다는 뜻도 아니고 신약 교회의 성찬상을 우회적으로 표현한 것도 아닙니다. 우리가 가진 제단은 하늘의 아버지 앞에 있는 천상의 제단이요 영적인 제단입니다. 우리가 예수 그리스도의 피를 힘입고 하나님 앞에 나아가 그를 친히 예배할 수 있게 되었다는 사실을 '제단'이라는 환유의 용어로 표현하고 있는 것입니다.

그런데 이 세상 차원의 장막에서 섬기는 자들은 이 제단에서 먹을 권한이 없다고 말합니다. 그 직접적인 이유는 속죄일 제물인 예수의 몸이 먹음을 위한 것이 아니라 불태움을 위한 것이기 때문입니다. 이 새로운 차원의 속죄일 제사의 전체(성소에 가지고 들어가는 **천상의 피** 차원 + 영문 밖에서 불사르는 **지상의 몸** 차원)에 참여하지 못하는 자들은 하나의 그림자 차원의 제사에 머물고 맙니다. 그들이 먹는 것은 그저 육체의 음식에 지나지 않습니다. 그런 음식은 육체의 배는 불릴 수 있을지

모르지만 아무리 먹어도 그 마음을 은혜로 굳게 하지는 못합니다. 우리의 마음이 은혜로 굳게 됨을 얻는 것은 예수 그리스도의 피를 힘입고 하늘의 보좌 앞에 나아가 하나님의 구원의 은혜를 마음껏 예배할 때뿐입니다. 그림자 차원의 옛 제의에 빠져 있는 사람들은 결코 이러한 특권을 누리지 못합니다. 이들과 달리 하나님께서 기뻐 받으실 만한 하늘 예배의 특권을 우리에게 주신 하나님을 우리는 무한히 찬양하며 감사드리지 않을 수 없습니다.

3. 영문 밖의 성도, 수치와 영광의 반전

"영문 밖"이라는 표현은 레위기 16:27 외에 또 다른 구약 본문과 연관성이 있습니다. 출애굽기 33:7에도 '영문 밖'(=진 밖)에 대한 언급이 나옵니다. "모세가 항상 장막을 취하여 진 밖에 쳐서 진과 멀리 떠나게 하고 회막이라 이름하니 여호와를 앙모하는 자는 다 진 바깥 회막으로 나아가며." 이는 시내 산에서의 금송아지 사건 이후의 상황을 나타내는 진술입니다. 하나님은 금송아지를 만들어 우상 숭배한 이스라엘 백성에게 진노하셨습니다. 모세의 간절한 기도로 백성이 진멸을 면하기는 하였지만, 하나님께서는 이 사건 이후로 자신의 처소를 모세의 처소와 함께 "진 밖"에 두셨습니다. 이 "진 밖"을 칠십인역이 레위기 16:27과 동일하게 '엑소 테스 파렘볼레스'로 옮겼고, 히브리서 설교자는 이 표현을 그대로 따와서 인용합니다.

그렇다면 출애굽기 33:7에 나오는 '영문 밖'의 이미지에는 분리와 단절, 쓸쓸함의 분위기가 배어 있음을 부인할 수 없습니다. 이러한 이미지가 예수 그리스도에게 그대로 연결됩니다. 예수 그리스도의 "영문 밖"은 예루살렘에 의해 거부된 버림의 자리요 수치의 자리입니다. 하지만 그 버림의 자리가 과거의 모세에게 그러했던 것처럼 하나님과의 만남의 자리입니다. 여기에 하나의 반전이 작용하는 것이 보이십니까? "영문 밖"은 수치의 자리이지만, 동시에 그곳은 영광의 자리라는 것입니다. 사람에 의해서는 버려진 자리이지만, 하나님에 의해서는 하나님께서 자신의 영광을 나타내기로 선택하신 자리입니다. 이것이 바로 예수 그리스도의 골고다 십자가의 자리입니다. 그곳에서 주님이 수치와 고난을 다 당하셨지만, 하나님께서 그 수치를 스스로 취하시고 우리에게 무한한 사죄의 은혜를 베풀어 주셨습니다.

그러므로 이제 우리가 하나님을 만나고 예배하는 장소는 영광의 예루살렘이 아니라 수치의 "영문 밖"입니다. 그곳에 하나님의 임재가 있기 때문입니다. 그래서 히브리서 설교자가 "그런즉 우리도 그의 치욕을 짊어지고 영문 밖으로 그에게 나아가자"(13:13)라고 요청하는 것입니다. 하나님의 영광의 임재를 만나려면 예수 그리스도의 치욕(=공개적 수모, 10:33, 11:26)을 피해서는 안 됩니다. 오히려 그것을 짊어져야 합니다. 무릇 주님을 따르고자 하는 자는 자신의 십자가를 짊어지지 않으면 안 됩니다. 자기 십자가를 지지 않고 주님을 따르려고 하는 자는 주님의 제자 되기에 합당하지 않습니다(눅 14:27).

우리가 하나님을 만나고 예배하는 장소가 바로 "영문 밖"입니다. 이곳은 우리가 선택한 장소가 아니라 하나님께서 친히 선택하신 장소입니다. 하나님의 영광의 임재가 있는 그 자리로 나아가지 않으면 하나님을 만날 수 없습니다. 아무리 좋은 장소를 마련해 놓고 하나님을 그곳에 청하여도 하나님께서 오지 않으시면 아무 소용이 없습니다. 우리의 예배는 내가 정한 장소가 아니라 하나님께서 정하신 장소에서 이루어집니다. 그 장소는 두 가지 차원을 가집니다. 첫째, 그리스도의 피가 들어간 하늘의 성소, 곧 하나님의 보좌 앞입니다. 둘째, 그리스도의 몸이 불태워진 "영문 밖" 고난의 처소입니다. 그래서 히브리서 설교자가 한 면에서는 "참 마음과 온전한 믿음으로 하나님께 나아가자(진입)"(10:22)라고 하였고, 또 다른 한 면에서는 "그의 치욕을 짊어지고 영문 밖으로 그에게 나아가자(진출)"(13:13)라고 요청하는 것입니다.

오늘날 이 땅에는 하나님을 헛되이 예배하는 자들이 너무나 많습니다. 허영에 빠진 사람들입니다. 건물을 멋지게 지어 놓으면 하나님께서 그곳에 임재하시리라고 착각하는 이들이 얼마나 많은지 모릅니다. 사람들이 많이 모이고 소위 '흥행'에 성공하면 예배가 성공했다고 착각합니다. 거짓 예배에 현혹당하는 사람들입니다. 하나님을 자기 착각과 허영의 울타리에 가두려고 하는 사람들입니다. 이는 인간 탐욕의 포장에 지나지 않습니다. 깨어져야 할 우상 숭배입니다. 참영광을 거짓 영광으로 둔갑시키는 사기술입니다. 하나님을 찾는 자들에게 하나님이 계신 곳을 가르쳐 주지 않고 인간의 대리 만족에 빠져 있게 하는 것은 거짓 선지자의 전형이며, 진노의 심판의 제일차적 대상입니다.

우리가 하나님을 만나는 곳은 "부드러운 옷 입은 사람"들이 모여 있는 "왕궁"(마 11:8)이 아니라, 사람들에 의해 버림받은 장소 "영문 밖" 십자가의 자리입니다. 십자가를 영적으로 미화해서는 안 됩니다. "영문 밖"은 실제로 그리스도가 당하신 수모와 따돌림과 치피와 쓸쓸함이 있는 곳입니다. 우리는 이것을 피하려고 해서는 안 됩니다. 오히려 기꺼이 그것을 짊어지고 나아가는 자들 속에서 그리스도와의 동일성이 이루어집니다. 우리의 수치를 바꾸어 영광이 되게 하시는 하나님의 은혜의 반전을 경험할 수 있어야 합니다. 세상이 주는 수모와 고통 속에서도 하나님과 한없이 가까워지는 이것보다 더 좋은 것은 없습니다. 여기에 참예배가 있고, 여기에 산 소망이 작용합니다.

이런 이유 때문에 설교자가 이 세상 속에서의 성도의 삶의 모습을 '계속 찾고 있다'라는 단어로 묘사합니다. "우리가 여기에는 영구한 도성이 없으므로 장차 올 것을 찾나니"(13:14). 여기서 "찾나니"가 헬라어 '에피제테오' 동사의 현재 시제로 표현되어 있는데, 이는 어떤 것을 계속해서 찾거나 갈망하는 모습을 나타냅니다. 동일한 시제로 같은 단어가 아브라함이 "본향 찾는 자임을 나타냄이라"(11:14) 할 때에도 사용되었습니다. 아브라함은 분명히 땅에서의 거처를 소유하고 있었지만, 그럼에도 불구하고 영원한 본향을 계속적으로 찾고 있는 사람이라는 것을 말해 줍니다. 이처럼 우리 성도들도 이 세상의 거처가 아니라 장차 올 영원한 처소를 계속적으로 갈망하고 찾는 사람이라는 동일한 특징을 가집니다.

그렇다고 해서 우리가 아무것도 잡은 것 없이 항상 찾기만 하는 존재라는 뜻은 아닙니다. 하나님께서 우리의 것으로 이미 허락하셨고 또한 약속으로 주신 그것을 취하기 위하여 나아가는 삶의 자세를 이와 같은 방식으로 표현하는 것입니다. 앞에서도 살펴보았듯이, 1세기의 히브리서 수신 공동체는 세상에서 수욕과 핍박과 재산의 탈취를 당하면서도 자신들에게 더 낫고 영구한 소유가 있는 줄 알기에 그 모든 것을 기쁘게 당하였다고 하였습니다(10:34). 이런 산 소망을 가지고 세상을 담대히 맞서 이기는 사람이 바로 "영문 밖"의 사람입니다.

세상의 관점에서는 그것이 수치의 “영문 밖”일 뿐이지만, 하나님의 관점에서는 장차 올 영구한 도성을 약속으로 소유한 사람만이 보여 줄 수 있는 가장 초월적이고 영광스러운 승리의 삶의 모습입니다.

4. 실천이 있는 기다림

“영문 밖”의 본질을 바르게 알고 있는 사람은 두 가지 방식으로 하나님을 예배합니다. 첫째, “예수로 말미암아 항상 찬송의 제사를 하나님께” 드립니다(13:15). 하나님께서 우리를 위해 행하여 주신 대속의 은혜를 우리 입술로 고백하고 높이는 입술의 제사입니다. 둘째, 행위의 제사입니다. “오직 선을 행함과 서로 나누어 주기를 잊지 말라 하나님은 이같은 제사를 기뻐하시느니라”(13:16). 설교자가 “선을 행함”이라고 할 때 ‘유포이이아’라는 매우 독특한 헬라어 단어를 사용하는데, ‘좋은 행실’이라는 뜻입니다.

이 좋은 행실과 “나누어 주기”(헬라어 코이노니아)를 하나님께서 기뻐하시는 제사라고 부릅니다. 그리스도인의 실천적 삶이 곧 예배임을 보여 줍니다. 좋은 행실이 살아 있는 삶이 곧 예배입니다. 이것이야말로 하나님께서 가장 기쁘게 받으시는 예배입니다. 우리 신약 성도들의 예배는 고백과 삶이 어우러지는 통전적 예배입니다. 그저 종교 행사에만 참여하는 것이 예배라고 생각하면 안 됩니다. 내가 하나님께서 약속으로 주신 장차 올 영구한 도성을 찾고 있는 사람이라고 신앙고백을 하였다면, 이 세상 “영문 밖”의 나의 삶은 좋은 행실과 나누어 주기를 실천하는 삶의 모습으로 나타나야 합니다.

이런 통전적 예배를 드리는 사람이 살아 있는 그리스도인입니다. 그리스도인의 삶은 실천이 있는 기다림의 삶입니다. 오늘날 많은 성도가 더 이상 기다림의 삶을 살려고 하지 않습니다. 이 세상에서 잘되는 그것을 신앙생활의 목적으로 삼고 있기 때문입니다. 하지만 헛된 소망에 지나지 않습니다. 하나님이 중심되는 신앙이 아니라 자기 자신이 중심되는 신앙입니다. 하나님의 말씀과 그의 약속이 중심되는 신앙이 아니라, 인간 탐욕과 허영이 지배하는 신앙입니다. 이런 변질된 신앙일수록 좋은 행실과 나누어 주기라는 실천적 예배의 모습과는 거리가 먼 것을 봅니다.

성도는 기다림의 사람입니다. 하지만 우리의 기다림은 막연한 기대로 그치는 것이 아닙니다. 오히려 우리가 믿고 소망하는 바를 이 세상 현실 속에서 실현해 나가는 실천을 의미합니다. 우리는 하나님께서 옛 언약의 약속으로 말씀하신 모든 것을 예수 그리스도 안에서 다 성취하셨다는 것을 믿습니다. 이제 그 성취하신 일의 최종적 완성(극치)을 우리에게 약속으로 주셨음을 또한 믿습니다. 이것이 우리의 소망이요 자랑입니다. 지금 이미 성취된 현실을 가진 것만으로도 감사한데, 그 마지막 완성의 모습은 얼마나 더 영광스러우며 얼마나 더 감사할까요! 이 근거 있는 소망이 우리의 기다림을 낳습니다. 그 소망이 든든한 만큼 우리의 기다림 또한 더욱 실천적일 수밖에 없습니다. 기다림은 실천입니다. 기다림은 변혁입니다. 기다림은 미래 지향적이면서 동시에 현실 변혁적입니다. 기다림은 하나님의 약속을 실현하는 역동적인 힘입니다. 우리의 소망의 닻이신 예수 그리스도를 힘입어 이 역동적인 기다림의 능력을 우리의 삶 속에서 힘차게 구현해 가는, 주님의 새 언약 백성으로 살아갑시다.

토의를 위한 질문

1. 13장의 구성과 핵심 주제를 설명해 보십시오. "예수 그리스도는 어제나 오늘이나 영원토록 동일하시니라"라는 말씀이 문맥 속에서 어떤 의미입니까?

2. 예수님께서 "영문 밖"에서 죽으신 것은 구약의 어떤 배경과 관련이 있습니까? 그 죽으심이 오늘날 나와 무슨 관련이 있습니까?

3. 출애굽기 33장의 이미지가 예수님의 죽으심과 어떤 관련이 있습니까? 참된 예배의 본질은 무엇입니까?

4. 하나님께서 기뻐하시는 제사는 무엇입니까? 우리가 어떻게 해야 형식적인 예배를 넘어 통전적인 삶의 예배를 드릴 수 있습니까?

5. 내(공동체)가 드리는 예배가 "영문 밖" 예수님의 죽으심과 어떤 관련이 있습니까? 나(공동체)는 어떻게 해야 "바로 그 하늘"(9:24)의 예배와 "영문 밖"의 예배를 병행할 수 있습니까?

| 참고 문헌 |

권성수. 『히브리서』. 서울: 총신대학교출판부, 1997.

김달수. 『히브리서』. 서울: 대한기독교서회, 1999.

박형용. 『히브리서』. 서울: 햇불, 2003.

최승락. "하나님의 종말 백성으로서의 평신도: 히브리서의 백성 개념을 중심으로." 『진리가 너희를 자유케 하리라: 김상복 목사 고희기념 논문집』. 서울: CLC, 2011: 269-301.

Attridge, Harold W. *Hebrews: A Commentary on the Epistle to the Hebrews*. Hermeneia. Philadelphia: Fortress, 1989.

Bengel, J. A. *New Testament Commentary*. 서문강 역. 『신약주석: 히브리서 야고보서』. 서울: 도서출판 로고스, 1991.

Bruce, F. F. *The Epistle to the Hebrews*. Grand Rapids: Eerdmans, 1990.

Calvin, John. *The Epistle of Paul the Apostle to the Hebrews and the First and Second Epistles of St. Peter*. Grand Rapids: Eerdmans, 1974.

Clement of Rome. "First Letter of Clement to the Corinthians." *Loeb: The Apostolic Fathers I*. Cambridge: Harvard University Press, 2003.

Cockerill, Gareth L. *The Epistle to the Hebrews*. NICNT. Grand Rapids: Eerdmans, 2012.

Ellingworth, Paul. *The Epistle to the Hebrews*. NIGTC. Grand Rapids: Eerdmans, 1993.

Eusebius. *The History of the Church from Christ to Constantine*. Minneapolis: Augsburg, 1965.

Guthrie, Donald. *Hebrews*. 김병모 역. 『히브리서』. 서울: CLC, 2015.

Guthrie, George H. *The Structure of Hebrews: A Text-Linguistic Analysis*. Grand Rapids: Baker Books, 1994.

———. *The NIV Application Commentary: Hebrews*. Grand Rapids: Zondervan, 1998.

Hagner, Donald A. *Hebrews*. NIBC. Peabody: Hendrikson, 1983, 1990.

Heen, E. M. and Krey, P. D. W. *Ancient Christian Commentary on Scripture: Hebrews*. 배성옥 역. 『교부들의 성경 주해 신약성경. XII: 히브리서』. 왜관: 분도출판사, 2015.

Koester, Craig R. *Hebrews*. Anchor Bible. New York: Doubleday, 2001.

Lane, William L. *Hebrews 1-8*. WBC. Dallas: Word Books, 1991.

Lindars, Barnabas. *The Theology of the Letter to the Hebrews*. 김동수 역. 『히브리서 신학』. 서울: 한들, 2002.

Long, Thomas G. *Hebrews*. 김운용 역. 『현대성서주석: 히브리서』. 서울: 한국장로교출판사, 2006.

Longenecker, Richard N. *Biblical Exegesis in the Apostolic Period*. Carlisle: Paternoster, 1975, 1995.

Michel, Otto. *Der Brief an die Hebräer*. 강원돈 역. 『히브리서』. 서울: 한국신학연구소, 1987.

O'Brien, Peter T. *The Letter to the Hebrews*. PNTC. Grand Rapids: Eerdmans, 2010.

Schreiner, Thomas R. *Commentary on Hebrews*. 장호준 역. 『히브리서 주석』. 서울: 복 있는 사람, 2016.

Westcott, B. F. *The Epistle to the Hebrews*. Grand Rapids: Eerdmans, 1980.

memo

memo

memo

memo

memo